Fiammetta Corradi

Espíritos sociais

Fiammetta Corradi

Espíritos sociais

Uma nova agenda de investigação para a sociologia da bolsa

ScienciaScripts

Imprint

Cover image: www.ingimage.com

This book is a translation from the original published under ISBN 978-3-659-86642-5.

Publisher:
Sciencia Scripts
is a trademark of
Dodo Books Indian Ocean Ltd. and OmniScriptum S.R.L publishing group

120 High Road, East Finchley, London, N2 9ED, United Kingdom
Str. Armeneasca 28/1, office 1, Chisinau MD-2012, Republic of Moldova, Europe
Managing Directors: Ieva Konstantinova, Victoria Ursu
info@omniscriptum.com

Printed at: see last page
ISBN: 978-620-8-55961-8

Índice

Para o meu pai

Prefácio

Quando o primeiro rascunho deste livro ficou pronto, enviei-o por correio a uma amiga americana que conheci em Nova Iorque há muito tempo e que agora trabalha para um fundo de cobertura como corretora de sucesso. Pedi-lhe um feedback e uma avaliação sincera do meu trabalho. Na sua resposta amável, não isenta de algum apreço amigável, para minha surpresa, ela perguntou "Por que razão deveríamos preocupar-nos em encontrar formas possíveis de "domar" a ganância de lucro dos comerciantes e os outros espíritos animais e sociais que produzem excessos de comportamento especulativo na bolsa de valores"?

Tomar a resposta como certa - sendo a minha forte convicção de que os excessos irracionais e especulativos devem ser contidos tanto quanto possível - foi um grande erro meu. A pergunta do meu amigo mostra claramente que nem toda a gente, pelo menos ninguém que trabalhe no mundo das finanças, partilha fácil e incondicionalmente a opinião de que é preciso fazer alguma coisa para conter os excessos de otimismo ou pessimismo e outras irracionalidades que criam bolhas e quebras especulativas. A estas pessoas, e para prevenir de antemão eventuais acusações de moralismo ao meu trabalho, lembro que os custos das bolhas ardentes nos mercados financeiros são muitas vezes partilhados *de forma desigual* entre os acionistas e as partes interessadas no mercado de acções, como já afirmou Robert J. Shiller (2000). Além disso, as grandes oscilações para cima e para baixo nos preços dos activos raramente se fazem sem grandes consequências para o que se considera ser a "verdadeira" economia, onde bens e serviços "reais" são produzidos e trocados para a "subsistência do homem" (como Karl Polanyi sugeriu para definir economia para a sociologia económica).

Num ponto, os defensores do mercado livre têm razão: vivemos numa época e numa sociedade em que é inimaginável regressar a uma fase em que o investimento financeiro na bolsa não seja ainda crucial para uma economia capitalista. Desde a sua existência, as bolsas de valores em todo o mundo têm sido historicamente fundamentais para o desenvolvimento das economias capitalistas - como forma de angariação de capital para empresas e corporações e também como forma de partilha de riscos. Atualmente, apenas pequenas minorias políticas podem sonhar com uma regressão histórica a fontes/tipos de financiamento anteriores, chegando mesmo a questionar a eficácia de toda a organização capitalista moderna da economia. Após o processo de *democratização do acesso* à bolsa a que assistimos nos últimos vinte e cinco anos, com a relativa "novidade" das finanças electrónicas e os seus efeitos de globalização, um retrocesso histórico é ainda mais difícil de alcançar.

É da *conjugação* destes diferentes factos - democratização do acesso, desigualdade social na partilha dos custos (e dos lucros) dos colapsos do mercado e o ciclo normalmente eficiente (mas por vezes vicioso) entre a finança e a economia numa economia capitalista moderna - que nasce a urgência de encontrar uma melhor compreensão das irracionalidades do mercado e dos meios possíveis para as conter. A sociologia tem o dever de descobrir novas formas de conter os inconvenientes prejudiciais do mercado de acções e dispõe também dos instrumentos teóricos e metodológicos adequados para realizar progressivamente esta tarefa tão difícil.

O estímulo para o presente livro surgiu de uma observação participante diária dos principais mercados bolsistas ao longo dos últimos 5 anos: uma paixão que herdei do meu pai, Luca Corradi, a cuja memória desejo dedicar esta obra.

Estou também muito grato a Franco Rositi, Professor Emérito de Sociologia na Universidade de Pavia, pela sua paciência e precisão na leitura e comentário dos primeiros esboços, e pelo seu constante encorajamento, que me apoiou no meu propósito de empreender este empreendimento que, de outra forma, seria solitário.

Introdução

A sociologia dos mercados financeiros - e das bolsas de valores em particular - tem as suas raízes na literatura sociológica clássica, na obra juvenil de Max Weber, *Die Borse* (1984), por vezes esquecida. A partir de então, o interesse pelo estudo dos mercados financeiros numa perspetiva sociológica tem tido sortes alternadas, como o confirma claramente o extenso estudo de John Lie sobre a sociologia dos mercados (1997).

A última crise financeira global, em 2008, desencadeou um novo surto de atenção, com o subsequente nascimento de uma nova "sociologia das finanças" (Cetina e Preda, 2014). No entanto, esta vertente interdisciplinar da sociologia económica parece ainda carecer de uma abordagem teórica sistemática; ao mesmo tempo, e talvez ainda mais urgentemente, necessita de uma agenda de investigação empírica, que aborde questões de investigação cruciais e proponha possíveis metodologias para as estudar.

O presente trabalho não tem, obviamente, a ambição de colmatar de imediato essas lacunas, nem de construir uma teoria sociológica geral sobre as bolsas de valores. É, no entanto, orientado para os problemas e movido por um ímpeto crítico. A sociologia, penso eu, deve empenhar-se em mostrar que as instituições e as organizações podem ser diferentes do que são e, eventualmente, funcionar melhor do que funcionam atualmente. As bolsas de valores, com o seu papel crucial nas sociedades capitalistas avançadas, as suas irracionalidades colectivas e as suas consequências dramáticas para a economia e para a sociedade em geral, não devem ser exceção.

Neste livro, adopto uma perspetiva dupla. Por um lado, há os muitos e difíceis *problemas normativos* relativos às bolsas de valores enquanto instituições, enquanto conjunto de regras e normas que regulam as actividades de negociação. Os muitos debates públicos sobre o risco moral e a regulação financeira - que registaram um aumento espantoso durante a crise do crédito hipotecário de alto risco nos Estados Unidos, após décadas de desregulação extrema e o colapso súbito do Lehman Brothers (McDonald & Robinson, 2009; Sorkin, 2010) - mostram, sem margem para dúvidas, que os quadros legislativos nacionais e internacionais dos mercados financeiros são muitas vezes insuficientes, parcialmente desactualizados ou, de alguma forma, incompletos. Assim, sendo desejável que os mercados financeiros gozem do melhor grau possível de exaustividade e de coerência nos seus quadros regulamentares, muito há ainda a fazer nesse sentido. Estritamente ligada aos limites regulamentares está a questão do controlo (também, mas não só, sob a forma de aplicação de regras) e o alegado problema de "controlar os controladores" ou vigiar os "guardiões", uma questão que ultimamente tem atraído a atenção dos sociólogos, também em Itália (Catino 2010, Mutti 2010). Em termos mais gerais, estas questões normativas põem em causa as relações possíveis, múltiplas e alternativas entre o Mercado e os Estados, o Mercado e as organizações supranacionais (UE, FMI, Bancos Centrais...) e, por último, entre as Finanças e a Política em geral.

Por outro lado, penso que uma abordagem crítica dos mercados financeiros deve encarar a *questão da irracionalidade* e das suas diferentes fontes (emoções, informação insuficiente/distorcida, enviesamentos cognitivos sistemáticos) como analiticamente separada das questões do oportunismo, da ganância, do embuste e da fraude. Na investigação, isto pode ser feito a vários níveis - desde o mercado financeiro global como um todo, até ao investidor profissional ou de retalho individual, que negoceia acções a partir de plataformas de negociação em linha - e escolhendo um ou mais dos muitos actores diferentes que participam nos mercados bolsistas (bancos, fundos de pensões, fundos de retorno absoluto, investidores individuais) como unidades de análise. Este ponto de vista pode implicar, com proveito, uma conceção dos mercados financeiros como agregados de acções competitivas que procuram obter lucros e que, não obstante, necessitam de um certo grau de confiança sistémica para serem realizadas com êxito (para o papel da confiança sistémica nos mercados financeiros, ver Corradi, 2012).

Enquanto a economia questiona tipicamente a racionalidade do mercado como um todo em termos de eficiência do mercado e a racionalidade dos actores em termos de maximização dos lucros, a sociologia deve centrar-se, ainda que não exclusivamente, nos *desvios* empiricamente observáveis *da racionalidade* e nas suas forças motrizes manifestas ou latentes. Naturalmente, não se trata de uma tarefa disciplinar clara - a divisão entre a sociologia e a economia e outras disciplinas são essenciais para o empreendimento (por exemplo, psicologia cognitiva, finanças comportamentais).

Concebo estas duas perspectivas - a que se debruça sobre os problemas normativos e a que se debruça sobre os desvios da racionalidade - como sendo, em última análise, reciprocamente complementares. Além disso, estes pontos de vista podem, por vezes, sobrepor-se: por um lado, é certamente significativo questionar a racionalidade/irracionalidade das definições ou normas regulamentares/legislativas; por outro lado, um estudo mais aprofundado dos desvios da racionalidade nas decisões e acções comerciais pode fornecer novas indicações normativas possíveis e, eventualmente, conduzir a propostas de reforma regulamentar.

Neste breve esboço, defendo que uma sociologia da bolsa de valores deve centrar-se nas *interações sociais* que condicionam o comportamento dos investidores em acções e, possivelmente (no futuro), também nas interações sociais que influenciam os reguladores e as agências de controlo das bolsas de valores. Trata-se, evidentemente, de um programa de investigação muito vasto, que implica e permite uma série de possíveis questões de investigação mais específicas. Por exemplo, as origens sociais dos enviesamentos cognitivos sistemáticos e dos desvios colectivos da racionalidade nos mercados financeiros estão ainda por descobrir e analisar em profundidade. Também não sabemos exatamente como é que os participantes no mercado interagem ao tomarem as suas decisões de negociação nas plataformas de negociação em linha; como é que trocam informações nestes novos ambientes de negociação, aparentemente isolados; o que é que conseguem aprender com a observação e a participação na bolsa de valores. No entanto, não existe consenso quanto à avaliação do impacto real da informação económica e financeira divulgada pelos meios de comunicação social nas decisões de negociação extemporâneas. Até à data, que eu saiba, não foi realizada qualquer investigação específica para descobrir se, e em que medida, a qualidade do desempenho argumentativo dos banqueiros centrais tem impacto nas oscilações dos mercados financeiros a curto e a longo prazo.

Para resumir brevemente o meu programa, a noção popular de "espíritos animais", introduzida pela primeira vez por J. M. Keynes (1936) e depois adoptada por G. Akerloff e R. Shiller (2009), pode ser proveitosamente revisitada. Assim, apelo a um inquérito sociológico sobre os "*espíritos sociais*" em jogo nos mercados bolsistas, o seu funcionamento e as suas consequências mais ou menos esperadas.

Este livro contém as minhas primeiras tentativas nesta direção. Apresenta uma análise sintética da literatura económica e financeira que considero essencial para compreender o funcionamento dos mercados de acções e uma seleção de estudos de casos empíricos.

No capítulo I, o foco é a especulação financeira, inicialmente concebida como "parasitismo racional", juntamente com a visão fundamental de Weber. Partindo do seu ensaio seminal, procuro uma nova descrição sociológica do fenómeno. Opto por manter a distinção analítica entre oportunismo e hiperracionalidade orientada para a maximização dos lucros, como sugeriu inicialmente M. Abolafia. Ao mesmo tempo, questiono as próprias condições de capacidade para a existência de especulação, discutindo a Teoria dos Mercados Eficientes, a Hipótese do Passeio Aleatório para os preços das acções e a noção desafiadora de "ruído" na fixação do preço das acções.

O Capítulo II apresenta quatro escolas de pensamento que se contrapõem no esforço de previsão dos movimentos dos preços das acções: o desafio - e o sonho - com que todo o investidor, profissional ou leigo, tem de lidar. Em termos ideal-típicos, apresento brevemente ao leitor os objectivos e instrumentos da análise fundamental e da análise técnica; em seguida, sintetizo a leitura que Keynes faz da bolsa de valores através das conhecidas metáforas do Contexto de Beleza e da "Solteirona". Acrescento algumas referências e comentários à teoria da reflexividade de Soros.

Em seguida, no capítulo III, enfrento o problema de "domar o lobo de Wall Street" (para citar o livro popular de Belfort), ou seja, restringir, se não erradicar, a especulação. A minha análise considera, tanto teórica como empiricamente, três tipos de restrições: restrições institucionais, auto-restrições relacionadas com os custos e auto-restrições sociais. Para cada tipo, discuto diferentes estudos de caso: os disjuntores e os "amortecedores" da Bolsa de Valores de Nova Iorque, como exemplos de restrições institucionais às oscilações excessivas dos preços; a introdução da taxa Tobin em Itália, como um exemplo de meios (mal sucedidos) para reduzir o comportamento especulativo; a experiência histórica do "Bottomwood Tree Agreement", como um caso de autocontenção social, que lembra de perto a "aristocracia do dinheiro" ventilada por Max Weber. No que diz respeito em especial à auto-contenção social, reflicto sobre a existência das suas condições de possibilidade após a Revolução do Comércio Online.

O capítulo IV aborda as questões da irracionalidade e da ignorância nas bolhas especulativas, com o objetivo de procurar os espíritos sociais que produzem comportamentos sistemáticos e desvios regulares das acções racionais. Às heurísticas clássicas e empíricas e aos enviesamentos descobertos empiricamente pela psicologia cognitiva (representatividade, ancoragem e ajustamento, disponibilidade), acrescento o que considero ser uma nova heurística: a tendência empiricamente observável dos pequenos investidores individuais para seguirem o "Smart Money", detectando as suas presumíveis intenções e expectativas a partir dos volumes de negociação nos livros de limites apresentados pelas plataformas de negociação em linha.

O último capítulo (V) trata finalmente do papel complexo, controverso e crucial dos meios de comunicação social na crise financeira. Após uma análise crítica do papel ativo dos meios de comunicação social nos acontecimentos de mercado, discuto o impacto das notícias de última hora nos preços das acções através de diferentes estudos de caso (o mais recente dedicado ao impacto dos meios de comunicação social nos preços das acções desde o Charlie Hebdo até aos ataques terroristas do Bataclan). Por último, considero a possibilidade de uma direção político-estratégica dos meios de comunicação financeiros, fornecendo provas da recente crise financeira chinesa. Nas conclusões, o leitor encontrará uma lista de possíveis questões de investigação para uma nova sociologia da bolsa.

CAPÍTULO I

Especulação:

Oportunismo e hiper-racionalidade

1.1. A especulação como "parasitismo" racional

Poucas personagens negativas atraíram recentemente mais atenção da literatura, do teatro e da produção cinematográfica de massas do que o "Grande Especulador", que aposta ferozmente na bolsa de valores. Para citar apenas algumas, desde a *Fogueira das Vaidades*, de Tom Wolf, ao *Póquer do Mentiroso*, de Michael Lewis, até ao filme de sucesso *O Lobo de Wall Street* (primeiro uma criação literária de Jonathan Belfort), ficámos a conhecer o oportunismo desenfreado de indivíduos, cuja ganância sem fim poderia muito bem competir com a que se desenrola *no Mercador de Veneza* de Shakespeare.

No entanto, a ganância - *auri sacra fames* - não é a única caraterística que define o tipo social geral do especulador financeiro: a racionalidade está do outro lado da moeda, ao serviço da ganância. Muitas das bolhas especulativas do passado, de que falarei em alguns exemplos históricos ao longo deste livro, foram de facto geradas por excessos de racionalidade financeira, cuja definição mais simples soa a: *preferir sempre mais dinheiro a menos, mais cedo do que mais tarde* (Miller, 2002). Esta "regra de ouro" foi, de facto, elevada a máxima do comportamento especulativo, independentemente do título específico a que se aplica (acções, obrigações, mercadorias, moedas...). Como explica Soros (ele próprio um grande especulador), "o capital move-se em busca do maior retorno total (.); é atraído pelo aumento das taxas de câmbio e pelo aumento das taxas de juro" (Soros, 2003, p. 76).

Não há dúvida de que a especulação na bolsa de valores deve ser um tema fundamental para uma nova sociologia das finanças, quanto mais não seja porque a especulação é muito inconsistente com a função da bolsa de valores como fonte crucial de financiamento das empresas e dos empreendimentos economicamente produtivos. A atividade frenética de comprar e vender para "escalpelar", para retirar lucros das diferenças de preços de mercado a curto prazo, é contrária à função económica das finanças: não contribui para o objetivo de angariação de capital a longo prazo, que é o principal motivo que leva uma empresa a cotar-se na bolsa de valores de .

Luciano Gallino, um conhecido sociólogo italiano, já discutiu a essência disruptiva do "*Finanzcapitalismo*" (2013), onde os mundos financeiro e económico estão em conflito, com o efeito de pôr gravemente em perigo o estado das economias nacionais. Mas o primeiro sociólogo a sublinhar explicitamente a contradição entre a especulação e o objetivo de angariação de fundos a longo prazo das finanças foi Max Weber. No seu ensaio juvenil sobre *Die Borse* (1894), um estudo comparativo esclarecedor sobre as bolsas de valores britânica, alemã e francesa, Weber destaca o fenómeno da especulação como de grande interesse sociológico. A hostilidade de Weber para com os pequenos especuladores (numa época em que os especuladores institucionais e internacionais não estavam longe) era tão grande que, numa passagem famosa do seu ensaio, acusou-os abertamente de "parasitismo" (1894; 2000, p. 333):

"O pequeno especulador que procura ganhar dinheiro com pequenas diferenças de preços e que transforma a bolsa num local onde, pela primeira vez, vai atrás de um tipo de riqueza que não possui, não está a cumprir qualquer objetivo da economia nacional no seu todo. O que quer que lhe caiba como rendimento, a economia nacional paga também, de forma totalmente desnecessária, a um *parasita supérfluo*".

Tal como os parasitas, os especuladores, sejam eles investidores privados de retalho ou institucionais (bancos de investimento, fundos de cobertura, fundos de pensões...) "vivem e prosperam" com os diferenciais e desalinhamentos dos preços de mercado; na maior parte das vezes, investem dinheiro que não possuem, emprestado para efeitos de negociação e, por vezes, com enormes alavancagens. Os especuladores, tal como os parasitas, ganham a vida ao lucrarem com os investimentos a longo prazo de outrem e/ou com a ignorância/erros dos outros nas transacções intradiárias. Além disso, ganham-no "racionalmente", ou melhor, "hiper-racionalmente", como me comprometo a explicar neste capítulo e no próximo.

Naturalmente, nem todos os tipos de atividade de investimento na bolsa são necessariamente especulativos. Por esta razão, é importante distinguir claramente - pelo menos a nível concetual/analítico - entre especulação e investimento (uma distinção que, na literatura especializada, muitas vezes não é clara).

As definições prevalecentes de especulação e investimento na literatura financeira centram-se na *duração pretendida* do investimento como divisor de águas entre os dois. Assim, o investimento é um método de negociação de activos com o objetivo de obter lucros sob a forma de rendimentos previsíveis (dividendos no caso das acções, juros ou rendas noutros tipos de investimentos) e/ou de valorização dos activos a *longo prazo* (geralmente 2-5 anos ou mais). A especulação, pelo contrário, exerce-se normalmente *a curto prazo,* sobretudo, embora não exclusivamente, no período intradiário (negociando efetivamente os mesmos activos mais do que uma vez por dia).

A atividade de negociação especulativa típica é o "scalping" nos spreads entre as ofertas de compra e venda dos preços de mercado. A especulação internacional encontrou diferentes formas de obter rendimentos elevados a partir de uma variedade crescente de transacções (por exemplo, a negociação sobre o spread Btp/Bund, como se soube com risco nacional em 2011) e através de instrumentos financeiros cada vez mais complexos (como os derivados). Como se tornou recentemente do conhecimento público, e não apenas em Itália, os especuladores internacionais têm o poder e os meios para pôr em perigo economias nacionais inteiras, levando-as à beira do incumprimento (como é agora o caso da Grécia, e tem sido o caso de outros Estados da "periferia" da União Monetária Europeia).

Outro elemento relevante que distingue a especulação do investimento é a *previsibilidade dos retornos*, que geralmente diminui à medida que o risco aumenta (ao contrário da magnitude dos retornos, proporcionalmente direta ao risco). A especulação tende a "apostar" em investimentos de elevado risco/elevada remuneração, preferindo, como dizia Oscar Wilde, "comer melhor do que dormir melhor" (comprando e vendendo intraday para ter melhores hipóteses de dormir).

Como mostrarei mais adiante, estas duas caraterísticas - atuar a curto prazo e não ter aversão ao risco - são, curiosamente, muitas vezes combinadas, nos especuladores, com uma consciência clara dos possíveis inconvenientes dos excessos das acções especulativas para a própria existência dos mercados financeiros. Mitchel Y. Abolafia (1996; reimpresso em 2001), na sua investigação antropológica de campo em Wall Street, provou de forma persuasiva que os participantes no mercado especulativo não só estão conscientes do seu papel de parasitas, como também do facto de a especulação poder ser um dos factores *endógenos* de auto-colapso do mercado bolsista. Consequentemente, os criadores de mercado com objectivos especulativos - tal como os parasitas que não estão dispostos a matar os hóspedes que os acolhem - adoptam normalmente regras de auto-restrição (capítulo III).

Dentro - mas também fora da bolsa - o parasitismo racional é realmente um fenómeno sociológico interessante, que mereceria mais atenção das ciências sociais do que a que foi dada até agora. Talvez por esta razão, a regulamentação não conseguiu muitas vezes conter a especulação, para não dizer evitá-la.

Por conseguinte, a especulação precisa, em primeiro lugar, de *uma melhor descrição sociológica* e, em seguida, de uma explicação mais completa da sua própria existência, capaz de clarificar as suas condições de capacidade, para além das acusações mais ou menos sólidas de inadequação, tantas vezes dirigidas a disposições legislativas específicas (das quais darei exemplos específicos no próximo capítulo).

Para o efeito, antes de explorar alguns dos mecanismos intrigantes de autocontenção e autodefesa utilizados pelos especuladores, discutirei duas outras dimensões conceptuais da especulação - o oportunismo e a hiper-racionalidade, com base na contribuição seminal de M. Abolafia. Em seguida, farei o meu melhor para mostrar a ligação concetual entre a especulação e a teoria económica da eficiência do mercado e a hipótese do passeio aleatório, para finalmente identificar quatro "escolas de pensamento" distintas orientadas para a previsão dos preços das acções.

1.2. Oportunismo

Para além de Max Weber, o sociólogo que provavelmente mais contribuiu para uma boa descrição da especulação do ponto de vista da sociologia económica foi Abolafia[1] . Na sua já citada obra sobre Wall Street (1996; 2nd impressão 2001), fornece definições heurísticas de oportunismo e hiper-racionalidade. Considero-as dignas de reelaboração para chegar a uma descrição sociológica mais específica da especulação.

No que respeita ao oportunismo, Abolafia adere à definição restrita e muito bem sucedida proposta por Oliver Williamson, como "*self-interest seeking with guile* (Williamson, 1975, p. 255)[2] . De acordo com esta especificação, nem toda a ação especulativa pode ser classificada como oportunista: a especulação oportunista, para merecer o seu nome, deve antes implicar fraude, embuste, engano, malfeitoria e/ou astúcia. Da especulação ao oportunismo, por outras palavras, há uma quebra concetual de continuidade (que encontra uma tradução interessante na regulação, como mostrarei). A este respeito, Bitner (2008) fornece uma rica documentação de casos concretos ocorridos nos EUA durante a crise das hipotecas subprime que mereceriam certamente a designação de comportamentos oportunistas à custa dos contratantes de hipotecas.

Assim definido, o oportunismo surge, nos mercados bolsistas, quando os operadores, de uma forma ou de outra, fazem um *uso ilegal da informação*, a diferentes níveis e em várias modalidades. As suas formas mais relevantes centram-se na divulgação selectiva e/ou distorcida de informação nas transacções.

As violações diretas das leis de segurança são as duas formas de oportunismo que envolvem o roubo de informações exclusivas, designadas, respetivamente, por oportunismo *de agente* e oportunismo *de iniciado*. O argumento mais comum para o oportunismo de agente é o chamado "front-running". Um caso típico de "front-running"

---

1 Abolafia foi pioneiro neste campo de investigação ao identificar os tipos de oportunismo que encontrou durante a sua investigação de campo entre os operadores de obrigações, acções e futuros em Wall Street. Além disso, tentou descobrir as condições estruturais e culturais que permitem a existência (e a resistência) de tais formas de especulação oportunista. Nos EUA, entre as condições estruturais do oportunismo financeiro em Wall Street destacam-se: os extraordinários incentivos de curto prazo pagos aos agentes (corretores); a limitada contenção formal e informal no seio da ordem institucional estabelecida, ainda sob a influência abrangente da desregulamentação.

2 Também Mark Granovetter (1985), no seu popular ensaio sobre o problema da imersão, parece subscrever esta definição de oportunismo (em particular, ver p. 487), apesar das suas fortes críticas à explicação de Williamson sobre o tipo de transacções económicas mais susceptíveis de serem realizadas no mercado ou no interior de empresas verticalmente integradas.

é quando um operador tem conhecimento de que um cliente vai fazer uma encomenda e utiliza essa informação em seu próprio benefício, por exemplo, comprando a mesma quantidade de acções (ou obrigações) pedida pelo cliente, fabricando-as e vendendo-lhas depois a um preço mais elevado. Naturalmente, esta forma de oportunismo é possível graças à relação agente-principal, que pode ser a relação, por exemplo, entre um cliente bancário (principal) e o seu corretor/banqueiro privado (agente) .[3]

O segundo tipo de especulação ilegal é o denominado "*insider trading*", ou seja, a utilização ilegal de informações *ainda não públicas* sobre as condições económicas ou as intenções de uma empresa ou de um emitente de acções/obrigações. O texto regulamentar oficial da bolsa de valores Consob para a Itália (TUF, *Testo Unico della Finanza*), classifica-a explicitamente como ilegal. Enumera igualmente as sanções penais (art. 184º) e administrativas (art. 187º-bis) por abuso de informação ainda não tornada pública. Além disso, em Itália, as transacções de acções por conta dos proprietários e dos dirigentes das empresas devem agora ser tornadas públicas, independentemente da sua entidade.

Como o próprio Abolafia reconhece implicitamente na sua classificação das formas de oportunismo[4] , algumas formas mais suaves de oportunismo são, pelo contrário, toleradas e até consideradas rotineiras (pelo que faz sentido que na nossa linguagem quotidiana designemos os especuladores por "oportunistas").

A forma mais simples de oportunismo "ligeiro" consiste em oferecer informação *incompleta* (por exemplo, através da estratégia de "dispensa" de obrigações). Uma forma mais enganadora é a utilização de informações *falsas*. Enquanto no primeiro caso apenas *metade* ou uma parte de uma informação sólida é divulgada com o objetivo de tirar partido dela (por exemplo, vender um bom ativo a um preço mais elevado), no

3 Na negociação em linha praticada por pequenos investidores, poder-se-ia supor que esta forma de oportunismo não tem razão de ser, uma vez que o comitente é geralmente, ao mesmo tempo, o seu próprio agente. No entanto, pode haver casos em que o mesmo operador actua como agente e como comitente dentro da sua própria carteira, colocando ordens simétricas (uma situação que faz lembrar uma forma de arbitragem).
4 Esta classificação é efetivamente apresentada no capítulo dedicado aos operadores de obrigações, mas é igualmente aplicável aos operadores de acções e de futuros (onde, no entanto, Abolafia encontrou níveis de oportunismo mais baixos do que entre os operadores de obrigações).

segundo caso, uma informação sólida é voluntariamente transformada numa mentira.

A meio caminho entre estes tipos complicados de oportunismo, existe um fenómeno por vezes designado na gíria bolsista por "ofertas fantasma". As ofertas fantasma são facilmente reconhecíveis quando se observam os livros de limites das plataformas de negociação em linha: um investidor coloca uma ordem de compra (ou de venda) a um preço de mercado superior (ou inferior) para tentar "empurrá-lo" para cima (ou para baixo), e depois desaparece subitamente do livro quando o preço atinge o nível desejado (graças às ofertas de outros). O *bluff* revela-se assim que o volume de activos que empurra o preço de mercado para cima ou para baixo não é transaccionado (o que alterará o contador do volume total de transacções, quando na realidade não o faz), nem está mais disponível para troca (tendo desaparecido, como um fantasma, do livro). Estas duas formas de oportunismo são bastante comuns e fazem parte da rotina diária do comércio em linha; mesmo que possam ser prejudiciais para alguém, não são consideradas ilegais, pelo menos até agora.

1.3. Da racionalidade à hiper-racionalidade

Procurar o interesse próprio com astúcia, inventar truques e torná-los credíveis, selecionar informações e transformá-las em mentiras, são acções que implicam certamente um certo grau de racionalidade: pelo menos, a esperteza de ladrão, trapaceiro e mentiroso. No entanto, definir a especulação como parasitismo racional exige uma imputação mais forte e precisa de racionalidade, a que chamarei doravante "hiperracionalidade", seguindo a escolha lexical de Abolafia.

Este conceito provém do domínio da sociologia económica, mas ainda não recebeu toda a atenção. A sua utilidade deriva da inadequação da versão neoclássica da racionalidade para refletir a complexidade dos processos de decisão dos especuladores reais: é demasiado idealizada, demasiado simplista e otimista em relação às capacidades humanas. É notório que, de acordo com o modelo racional ideal-típico do homem económico/financeiro, o ator tem preferências totalmente ordenadas e coerentes (supõe-se que a propriedade de transitividade das preferências se mantém sempre); informações perfeitas (fiáveis e completas); e capacidades de cálculo extraordinárias. Por muito útil que este tipo ideal tenha sido inicialmente para fins teóricos, foi substituído, a partir da contribuição seminal de Herbert Simon, por várias formas de racionalidade limitada, concebendo a racionalidade humana como sendo sempre algo limitada. Outras falhas deste modelo ideal foram surgindo progressivamente através do estudo empírico e experimental dos enviesamentos cognitivos e da heurística (sobre este tema, ver capítulo IV deste livro). As finanças comportamentais provam de forma persuasiva que a racionalidade humana (e económica) não só é sempre limitada e baseada em informação incompleta, como também é sistematicamente "distorcida" (enviesada) por padrões e enquadramentos cognitivos enganadores. Além disso, a sociologia económica tem contribuído grandemente para sublinhar que a racionalidade dos agentes está sempre "embutida" no contexto social e que as preferências - ou interesses - individuais são profundamente influenciadas pelas preferências/interesses dos outros actores (Granovetter 1985; Trigilia, 2002; Swedberg, 2007).

Contrariamente ao ideal neoclássico de racionalidade económica, a noção de "hiper-racionalidade" tem dimensões conceptuais capazes de refletir a complexidade do investimento escolhas sob incerteza e na presença de "informação assimétrica"[5] .

Uma primeira caraterística que define a hiper-racionalidade é a fusão do raciocínio analítico e intuitivo. Citando Abolafia: "Os decisores hiper-racionais são aqueles que fazem o maior uso possível de técnicas analíticas, mas ainda incluem elementos de julgamentos intuitivos" (2001, p. 23). Conceptualmente rico na sua ambivalência, o

5 Em economia, a noção de "informação assimétrica" descreve geralmente uma situação em que uma parte numa transação dispõe de mais ou melhor informação do que outra. A teoria da informação assimétrica foi desenvolvida nos anos setenta para tentar explicar resultados ineficientes em certos mercados. O primeiro economista a introduzir esta noção foi George Akerlof, no seu popular artigo "The Market for 'Lemons': Quality Uncertainty and Market Mechanism" (1970). Neste artigo, Akerlof desenvolveu uma teoria para explicar por que razão os vendedores de automóveis não têm incentivos económicos para vender automóveis de boa qualidade acima da média. A razão, segundo Akerlof, reside na existência de informação assimétrica entre os vendedores e os compradores (que são considerados incapazes de distinguir entre bons carros e "limões", ou seja, carros maus). Mais tarde, Michael Spence acrescentou ao debate o estudo da assimetria de informação entre empregadores e empregados; mas foi com Joseph Stiglitz que a noção foi inserida nos modelos de equilíbrio geral para descrever "externalidades negativas que fazem o preço do fundo dos mercados". Por exemplo, no mercado dos seguros, a incerteza dos prémios de seguro de saúde necessários para os indivíduos de alto risco faz com que todos os prémios aumentem, obrigando os indivíduos de baixo risco a abandonar as suas apólices de seguro preferidas.

conceito de hiper-racionalidade refere-se, por um lado, a um significado hiperbólico de racionalidade, a uma forma *superior* de raciocínio analítico destinado a lidar com a incerteza; por outro lado, refere-se a algo que vai para *além da* racionalidade, numa tentativa de ultrapassar o problema da informação assimétrica, através da intuição e da descoberta serendípica[6] . Os "juízos intuitivos", na definição de Abolafia, são os elaborados pelos operadores financeiros a partir de elementos, informações, percepções e impressões provenientes do contexto em que as decisões são contingentemente tomadas.

As intuições resultam diretamente de uma "vigilância" constante do que se passa no ambiente circundante. A "vigilância" consiste em selecionar e verificar a informação do contexto, estabelecendo valores em conformidade. Como disse um corretor de obrigações a Abolafia: "Toda a gente está inundada de informação. Todas as máquinas do mundo estão a emitir informações técnicas, informações fundamentais, comunicados de imprensa. É preciso ser muito ágil, muito concentrado". Mas, ao mesmo tempo, muito atento ao que os outros dizem, ao que os outros fazem ou fingem fazer. Através da noção de vigilância, a hiper-racionalidade ganha a conotação concetual de uma racionalidade *situada*: uma racionalidade que não se aplica no vazio, mas em situações concretas e contingentes. No caso dos pregões, "pits", escritórios de bancos de investimento, salas de negociação de hedge funds e outros ambientes, a negociação ocorre em proximidade física. Nesses locais, os operadores, os comerciantes e os corretores estão expostos a informações que passam constantemente de boca em boca, a gestos e movimentos que exprimem, revelam ou escondem emoções e reacções aos movimentos do mercado, para além do fluxo avassalador de informações constantemente difundidas pelos meios de comunicação social.

Nas plataformas de negociação em linha, pelo contrário, o "contexto" situado, o ambiente social da tomada de decisões parece desaparecer na solidão solipsista do operador que fixa o seu ecrã. Os pequenos investidores, bem como os corretores institucionais, em frente ao seu computador, podem imaginar que estão "apenas"

6 Os dois significados sobrepostos de hiper-racionalidade provêm claramente, etimologicamente, do prefixo "ὑπέρ", que em grego antigo significa, ao mesmo tempo, sobre e para além.

expostos ao fluxo de dados e de notícias económicas e financeiras provenientes dos meios de comunicação social. No entanto, mesmo no caso da negociação solitária através de plataformas em linha, os investidores *não* estão de facto sozinhos. Os "outros" estão sempre presentes - e influentes - através das suas ordens e movimentos em linha, apesar do seu anonimato formal, e apenas aparente. Os processos sociais estão em jogo mesmo no mundo aparentemente atomizado da negociação solitária em linha, como pode ser provado empiricamente (ver capítulo IV).

Antes de explorar os vários tipos de "raciocínio analítico" aplicados nos esforços de previsão dos movimentos de preços - que diferenciam a especulação das simples apostas ou jogos de azar - tentarei explicar como é possível o fenómeno da especulação.

1. 4. Como é que a especulação é possível?

Simplificando, a oportunidade de especulação surge sempre que se verifica um desalinhamento/diferencial entre o valor económico fundamental presumido/esperado de um ativo e o seu preço de mercado contingente. Por conseguinte, pode afirmar-se que a especulação na bolsa é possível porque os mercados financeiros registam continuamente *uma volatilidade dos preços independente da volatilidade do valor*.

Em economia, onde a primeira afirmação pode parecer demasiado simplista, o mesmo problema - explicar por que razão e como os preços se movem - foi formulado em termos diferentes, partindo de um dos pilares da teoria económica. Desde que Adam Smith, em 1776, propôs a bem sucedida metáfora da "mão invisível", como o mecanismo aparentemente mágico que faz corresponder a oferta e a procura e fixa os preços dos bens de forma eficaz, nenhum princípio foi mais fundamental para a economia do que a "Lei da Oferta e da Procura". Alfred Marshall, na sua importante contribuição para a teoria económica neoclássica (*Principles of Economics*, 1890), propôs a metáfora da tesoura, cujas duas lâminas - oferta e procura - são ambas necessárias para obter um corte (para encontrar o preço de troca). O maior feito de Marshall foi integrar as curvas da oferta e da procura numa única imagem: só em conjunto, a oferta e a procura determinam o preço de equilíbrio e a quantidade de bens permutáveis a esse preço (na gíria bolsista, o preço capaz de "limpar" o mercado). De um ponto de vista teórico, a lei da oferta e da procura é notável na medida em que considera uma situação complexa em que interagem muitos compradores e muitos vendedores; permite também *previsões* precisas .[7]

A lei da oferta e da procura, entre outras coisas, reforçou a ideia de que cada artigo tem um preço único e "natural": dado que nenhum vendedor quer receber menos do que o preço mais elevado por um artigo e nenhum comprador quer pagar mais do que o preço mais baixo, todas as unidades devem ser transaccionadas aproximadamente ao mesmo preço. Este mercado, onde a oferta e a procura estariam *em equilíbrio,* foi definido por Marshall como "mercado perfeito": um equilíbrio que poderia ser alcançado desde que todos os actores envolvidos tivessem um *"conhecimento perfeito"* (uma situação em que todos conhecem as curvas da oferta e da procura, podendo assim calcular o preço de equilíbrio e a respectiva quantidade de troca).

Desta tradição surgiu a ideia fascinante do mercado (de acções) como um mecanismo eficiente de descoberta de preços; a lei da oferta e da procura continha todas as sementes para a teoria do mercado eficiente que se seguiu.

1.5. A Teoria do Mercado Eficiente

Apesar da variedade de definições que se podem encontrar na literatura económica para a eficiência do mercado (como mercado alocativo ou Pareto-eficiente), a eficiência tem sido interpretada pela ciência financeira num sentido específico, diretamente relacionado com a chamada Teoria dos Mercados Eficientes.

O autor mais conhecido é Eugene Fama, que apresentou a versão mais forte daquilo a que preferiu chamar a Hipótese do Mercado Eficiente (1965; 1970; 1991). De acordo com a sua definição, a hipótese do mercado eficiente afirma simplesmente que "os preços dos títulos reflectem plenamente toda a informação disponível" (Fama 1991, p.

7 Ao fazê-lo, diga-se de passagem, resolve o famoso paradoxo diamantes/água de John Law, ou seja, o enigma aparentemente inexplicável de a água ter um preço baixo, apesar da sua extrema utilidade para a sobrevivência, e os diamantes terem um preço altíssimo, apesar da sua substancial inutilidade. A lei em questão poderia facilmente resolver este enigma, tendo em conta a *quantidade* de bens disponíveis: assim, exceto que num deserto, o preço da água é geralmente baixo devido à sua abundância, enquanto os diamantes são normalmente muito caros devido à sua escassez. Isto mostra que a lei da oferta e da procura é independente, sendo capaz de lidar com diamantes (grande procura e pouca oferta), água (grande procura e ainda maior oferta) e qualquer outro bem de troca.

1575). Esta afirmação é muito forte, porque implica a condição prévia de que os custos de informação e de negociação - o custo de fazer com que os preços reflictam a informação - são inexistentes (sempre zero).

Nos mercados naturais, isso nunca acontece e, como tal, a hipótese é imediatamente falsa. A questão do ponto de vista da teoria económica, como Fama deixa claro, é que "a hipótese de eficiência de mercado per se *não* é testável" (1991, p. 1575). A Hipótese de Eficiência de Mercado, por outras palavras, "deve ser testada conjuntamente com algum modelo de equilíbrio, um modelo de avaliação de activos" (Ivi), ou seja, as questões de eficiência de mercado e de avaliação de equilíbrio são inseparáveis na procura de uma teoria da eficiência.

O enorme sucesso da hipótese do mercado eficiente, tal como proposta por Fama, deve-se sobretudo à investigação empírica para a qual abriu caminho. Com efeito, testar se e em que medida os mercados naturais *se desviam* efetivamente da teoria tem orientado a investigação em três direcções principais: 1) a previsibilidade da rendibilidade (que inclui trabalho empírico sobre a previsão de rendibilidades com base numa série de variáveis como as taxas de dividendo e as taxas de juro); 2) os chamados "estudos de eventos", que na maior parte das vezes verificam a rapidez com que os preços dos títulos reflectem anúncios de informação pública; 3) testes de informação privada não totalmente reflectida no mercado. Além disso, a investigação empírica neste domínio centrou-se em diferentes períodos de tempo, testando a validade da hipótese tanto a curto como a longo prazo.

Quando Fama escreveu o seu famoso artigo de revisão da literatura, a maior parte dos resultados empíricos eram favoráveis à hipótese, mas atualmente, quando os resultados empíricos recentes são pelo menos controversos, esta adquiriu mais o estatuto de credo para a maioria dos economistas tradicionais, de tal forma que Akerlof e Shiller lhe chamam a base do "fundamentalismo" do mercado livre (2009). É significativo o facto de, na ciência financeira, a Teoria dos Mercados Eficientes ser, na maioria das vezes, confrontada com a sua "prima" teórica: a Hipótese do Passeio Aleatório.

1.6. A hipótese do passeio aleatório e o "ruído"

Intimamente ligada ao nascimento da teoria das probabilidades e com antepassados intelectuais ilustres - Bachelier, Einstein, Lévy, Kolmogorov - a hipótese do passeio aleatório foi inicialmente concebida como um modelo de jogos de azar, e depois progressivamente adoptada pelas ciências naturais e físicas. A sua primeira aplicação séria aos mercados financeiros deve-se a Paul Samuleson, no seu famoso artigo: "Proof that properly Anticipated Prices Fluctuate randomly", publicado em 1965. Num mercado eficiente do ponto de vista da informação, afirmava ele, as variações de preços têm de ser *imprevisíveis* se forem corretamente antecipadas. Por outras palavras, a aleatoriedade dos movimentos dos preços das acções e a imprevisibilidade são necessidades lógicas, se os preços incorporarem plenamente todas as informações e expectativas de todos os participantes no mercado. Como se pode ver, a Hipótese do Passeio Aleatório foi encapsulada na Hipótese do Mercado Eficiente, de modo que, em conjunto, se tornaram ícones sagrados tanto dos economistas financeiros modernos como dos profissionais de investimento.

A afirmação central de Samuelson era, no entanto, contra-intuitiva e aparentemente contraditória: quanto mais eficiente é o mercado, mais aleatória é a série de variações de preços produzida pelo próprio mercado; no plano teórico, o *mercado mais eficiente é aquele em que os preços se movimentam de forma completamente aleatória e imprevisível.* Ao contrário do que acontece normalmente nos fenómenos naturais, segundo Samuelson, nos mercados financeiros a aleatoriedade deve-se às acções intencionais de muitos investidores que procuram obter maiores lucros. Segundo a história, os investidores com uma orientação *racional* aproveitam agressivamente até a mais pequena vantagem informativa à sua disposição e, ao fazê-lo, os preços de mercado *passam* a refletir toda a informação disponível. Simultaneamente, por esta mesma razão, os investidores eliminam rapidamente as hipóteses de lucro que anteriormente motivaram as suas decisões de investimento agressivas (porque esses lucros já foram obtidos).

A versão de Samuelson da Hipótese do Mercado Eficiente impõe claramente limites severos ao nosso conhecimento sobre as futuras alterações do preço das acções, tal como, em física, o princípio da incerteza de Heisenberg afirma a impossibilidade de conhecer ao mesmo tempo a posição de um eletrão e o seu momento.

Além disso, o argumento de Samuelson parecia convincente: as duas hipóteses, nesta versão conjunta, são de facto consistentes a nível teórico[8] , porque só se os preços das acções andarem ao acaso (em torno dos preços "verdadeiros") no curto prazo é que os mercados bolsistas são eficientes na prevenção da especulação *sistemática*. De facto, só as trajectórias não aleatórias dos preços são susceptíveis de serem previstas. Correndo o risco de simplificar demasiado, o argumento do ponto de vista lógico é esquematizado da seguinte forma:

If > efficiency > randomness
and if > randomness < predictability

then > efficiency < predictability

Uma década mais tarde, as dúvidas quanto à validade deste raciocínio começaram a ser testadas. Durante os anos 70, LeRoy (1973) e Lucas (1978) demonstraram que o modelo aleatório

A hipótese do passeio aleatório não é uma condição necessária nem suficiente para que os preços dos títulos sejam determinados de forma racional. Este ponto de vista, juntamente com as ideias centrais da economia financeira moderna - o compromisso necessário entre a rendibilidade esperada e o risco - abriu caminho a novas perspectivas teóricas e empíricas; de especial interesse são aquelas em que a Hipótese do Passeio Aleatório não é necessariamente satisfeita, mesmo que os preços reflictam plenamente toda a informação disponível. A partir de então, vários estudos acumularam casos em que a Teoria dos Mercados Eficientes continua a ser válida, mas os preços *não* caminham aleatoriamente (1999, Lo e MacKinlay, eds.).

Grossman e Stiglitz (1980) levaram ainda mais longe as críticas à Hipótese do Passeio

8 Poder-se-á perguntar se as hipóteses do mercado eficiente e do passeio aleatório são sempre equivalentes (perfeitamente sobreponíveis): a resposta é positiva, mas apenas em circunstâncias muito restritas, nomeadamente, a neutralidade do risco (Samuelson, de facto, não teve em conta o risco no seu trabalho).

Aleatório, sustentando que os mercados perfeitamente eficientes do ponto de vista da informação são impossíveis, porque, se o mercado fosse realmente perfeitamente eficiente, o retorno da recolha de informação seria nulo: uma situação em que o próprio ato de negociar se tornaria sem sentido e os mercados bolsistas, enquanto instituições, desapareceriam rapidamente. O outro lado do argumento é fácil de compreender: o fator determinante dos esforços de recolha de informações por parte dos participantes no mercado será o grau de *ineficiência* do mercado; por conseguinte, o equilíbrio do mercado será encontrado se e só se houver oportunidades de lucro suficientes para compensar os investidores pelos custos da procura de informações e da negociação. Neste raciocínio, os ganhos obtidos pelos participantes activos no mercado são as rendas económicas que se acumulam para aqueles que podem (querem e possuem os meios) participar nestas actividades .[9]

Num mercado com ineficiências, ou seja, com oportunidades de lucro, é claro que alguém ganha e alguém perde. Quem paga a fatura (as rendas) aos vencedores? Fisher Black (1986) propôs, até à data, a resposta mais provocadora e debatida, que deve ser válida tanto para as finanças como para a macroeconomia[10] : os pagadores da fatura são os operadores "ruidosos".

No modelo básico de Black dos mercados financeiros, o "ruído" é contrastado com a informação; é o fator perturbador que distorce as nossas avaliações e decisões. Impede-nos de conhecer a rendibilidade esperada de uma ação ou de uma carteira. Impede-nos de saber se a política monetária afecta a inflação ou o desemprego" (p. 529). No entanto, o ruído é, segundo Black, "essencial para a existência de mercados líquidos" (ivi): "o ruído torna os mercados financeiros possíveis, mas também os torna imperfeitos. Se não houver negociação com ruído, haverá muito pouca negociação nos activos individuais" (p. 530).

9 Os defensores da inseparabilidade das duas hipóteses encontraram os expedientes mais subtis para a defender contra a evidência empírica, por exemplo, cunhando uma versão fraca e uma versão semi-fraca da mesma.

10 No que diz respeito à macroeconomia, Black defende a utilidade do conceito de ruído para compreender os ciclos económicos (sob a forma de incerteza quanto aos gostos e tecnologias futuros por sector), a inflação (sob a forma de expectativas que não têm de seguir regras racionais, a chamada ilusão monetária) e as taxas de câmbio (sob a forma de incerteza quanto aos preços relativos que seriam praticados com outras taxas de câmbio).

Para mim, o aspeto mais fascinante da teoria de Black não é o facto de ele admitir abertamente a possibilidade (e a sua necessidade para o mercado) da *ignorância,* uma questão que analisarei mais tarde. Pelo contrário, o facto de Black, ao tirar as conclusões lógicas da mesma, atacar a Teoria dos Mercados Eficientes anteriormente apresentada, especificamente contra a afirmação de que os mercados são *sempre* eficientes .[11]

Além disso, embora Black reconheça que "haverá sempre uma grande ambiguidade sobre quem é um comerciante de informação e quem é um comerciante de ruído", afirma que (p. 532):

O "noise-trading" coloca efetivamente ruído nos preços. O preço de uma ação reflecte tanto a informação com que os operadores de informação negoceiam como o ruído com que os operadores de ruído negoceiam. À medida que a quantidade de negociação com ruído aumenta, torna-se mais lucrativo para as pessoas negociarem com base na informação, mas apenas porque os preços têm mais ruído. O aumento do volume de transacções de informação não significa que os preços sejam mais eficientes. Não só entrarão mais operadores de informação, como os actuais operadores de informação assumirão posições maiores e gastarão mais em informação. Sim, os preços serão menos eficientes. O que é necessário para um mercado líquido (*N.A.* um mercado onde as trocas são fáceis) faz com que os preços sejam menos eficientes".

Isto leva-o a uma definição diferente de mercado eficiente: "*podemos definir um mercado eficiente como aquele em que o preço está dentro de um fator de 2 do valor, ou seja, o preço é mais de metade do valor e menos de duas vezes o valor*" (p. 533). Embora o fator 2 seja arbitrário, é claro, Black supõe que, de acordo com ele, "quase

11 Shiller (1984; 2000), com base na contribuição de Minsky (1981) sobre a instabilidade dos preços, afirma que os preços das acções sofrem ciclicamente grandes oscilações (para cima e para baixo), afastando-se dos valores económicos fundamentais, criando assim "bolhas" especulativas. A história económica regista uma variedade de "booms" e "busts" financeiros (Mackay, 1841; Kindleberger, 1978; Galbraith, 1994): desde a mania das tulipas no século XVII, passando pela South Sees Company, pela Dot.com e pelos "booms" e "busts" imobiliários, até às últimas bolhas especulativas da nossa década. Independentemente da causa geradora das bolhas (Minsky relacionou-as com o ciclo económico e a disponibilidade de crédito, Shiller com outros factores geradores de "exuberância irracional", ver capítulos IV e V), é hoje amplamente admitido que os mercados financeiros são *por vezes ineficientes.* Afirmar o contrário seria negar a realidade e a história. No entanto, afirmar que os mercados bolsistas são por vezes ineficientes (ou nem sempre eficientes) é diferente de afirmar que são *normalmente ineficientes.*

todos os mercados são eficientes quase todo o tempo. 'Quase todos' significa pelo menos 90%" (ivi).

Além disso, a longo prazo, os preços tenderão para o "valor" (o valor económico fundamental subjacente), que na realidade nunca é observável. Este ponto é fundamental para o próximo parágrafo sobre as diferentes "filosofias" de previsão dos preços das acções, pelo que vale a pena citar o raciocínio completo de Black:

"Uma vez que o valor não é observável, é possível que acontecimentos sem conteúdo informativo afectem o preço. Por exemplo, a inclusão de uma ação no índice Standard and Poors500 fará com que alguns investidores a comprem. A sua compra forçará o preço a subir durante algum tempo. As transacções de informação forçá-lo-ão a recuar, mas apenas gradualmente [...]. Tanto o preço como o valor assemelhar-se-ão, grosso modo, a processos geométricos de passeio aleatório com médias não nulas. As médias da variação percentual do preço e do valor alterar-se-ão ao longo do tempo. A média do processo do valor alterar-se-á porque os gostos, as tecnologias e a riqueza mudam. A média do processo de preços alterar-se-á porque a relação entre preço e valor se altera (e porque a média do processo de valor se altera). *O preço tenderá a aproximar-se do valor*. A volatilidade de curto prazo do preço será maior do que a volatilidade de curto prazo do valor. [...]. Em intervalos longos, as variâncias [das percentagens dos movimentos de preços devidos, respetivamente, ao ruído e à informação] convergirão" (Black, p. 533).

Por conseguinte, o preço de uma ação é uma estimativa ruidosa do seu valor.

Mesmo que os ganhos de uma empresa multiplicados por um rácio preço-lucro adequado forneçam outra estimativa, esta também será ruidosa, desde que os investidores com ruído nem sempre considerem os ganhos nas suas decisões de investimento. Por outras palavras, conclui Black, "o ruído cria a oportunidade de negociar de forma lucrativa, mas ao mesmo tempo torna difícil negociar de forma lucrativa" (p. 534). Isto leva-nos diretamente ao desafio que cada investidor/especulador tem de enfrentar: prever os movimentos dos preços das acções, em busca de lucro.

Capítulo II

Previsão de movimentos de preços

2.1. Manter-se à frente da curva

A ambição de prever os preços dos títulos do mercado bolsista tem um papel fundamental na ciência financeira, bem como na prática do comércio quotidiano. No entanto, os domínios académico e financeiro têm perspectivas diferentes sobre a possibilidade de prever os preços da bolsa.

No mundo académico, onde o debate sobre a validade da Teoria dos Mercados Eficientes ainda está vivo, consolidou-se a ideia geral de que, à exceção das tendências de longo prazo, os preços futuros das acções são difíceis, se não mesmo impossíveis, de prever com precisão. Não obstante este consenso, os economistas financeiros divergem quanto às presumíveis causas dessa imprevisibilidade. De um lado, estão os defensores da chamada versão "fraca" da eficiência do mercado: afirmam que é impossível prever os preços futuros das acções com base apenas nos preços passados (uma posição que contrasta abertamente com os fundamentos da análise técnica). Numa posição intermédia, encontram-se os defensores da versão "semi-forte", que afirmam, pelo contrário, que a informação publicada é inútil para prever os preços futuros, sendo essa informação já "descontada" nos preços reais. Por último, os defensores da versão "forte" afirmam categoricamente que nada, nem mesmo informações não publicadas, pode ser utilizado para prever os preços, uma vez que os preços reais já contêm todas as informações disponíveis. Obviamente, os defensores das versões semi-forte e forte da eficiência dos mercados são teoricamente opostos às crenças partilhadas pelos utilizadores da análise fundamental.

Ao contrário dos académicos, os investidores de retalho ou institucionais em valores mobiliários e, de um modo mais geral, os participantes no mercado, precisam de ter pelo menos alguma confiança na racionalidade e eficiência (e ineficiências) do mercado, para que as suas acções de investimento e negociação não sejam meras suposições e apostas aleatórias. A diferença entre o puro jogo e o investimento na bolsa de valores assenta exatamente nesta confiança, independentemente da sua força e dos seus possíveis argumentos de apoio.

Entre os investidores em acções, nenhum sonho é mais partilhado do que o de poder prever a evolução futura dos mercados bolsistas, como se os movimentos de preços, a sua magnitude e rapidez, pudessem ser lidos numa bola de cristal ou noutro instrumento de previsão. A aspiração de vencer o mercado conduz psicologicamente ao desejo de prever as tendências dos preços com um timing útil (isto é, suficientemente cedo para tomar boas decisões de negociação), se não "ficar à frente da curva" (isto é, antecipar o mercado e assim tirar o melhor partido dele; significativamente, este é também o subtítulo de um dos livros de Soros, 1995).

Se alguém fosse efetivamente capaz de o fazer de forma sistemática ou, pelo menos, na maioria das vezes, seria capaz de superar o mercado bolsista, com enormes lucros. Existem, de facto, casos excepcionais deste tipo: Warren Buffet e George Soros são as provas vivas de que é possível superar sistematicamente o mercado (para se ter uma ideia, o Quantum Fund de Soros tem tido um rendimento médio anual de 31% durante mais de trinta anos!) Tal como estes especuladores de enorme sucesso declaram, por detrás do seu sucesso está algo mais do que o cumprimento de regras eficazes e de auto-controlo na negociação diária. Referem-se ambos, ainda que em termos diferentes, a instintos, a sensibilidades especiais de previsão[12] e a talentos inatos algo obscuros.

Apesar da existência de pontos de equilíbrio interessantes e de casos anómalos, uma sociologia da bolsa deveria preocupar-se mais com os investidores "normalmente qualificados" (sejam eles retalhistas ou institucionais), que lutam todos os dias contra (ou procuram seguir) os passeios aleatórios e os presumíveis diferenciais entre os preços de mercado e os valores económicos fundamentais.

Como uma boa investigação sociológica já provou satisfatoriamente (Smith 1999), a

12 O próprio Soros declarou: "Como participante no mercado, não tenho apenas a consciência de estar ligado à realidade: *Sinto-a* de facto *nas minhas entranhas*. Por exemplo, costumava ser capaz de antecipar uma catástrofe iminente porque ela se manifestava sob a forma de uma dor de costas. É claro que não podia prever a forma que a catástrofe tomaria: quando a identificava, a dor de costas dissolvia-se" (1987; ed. 2003, pp. 326-7).

maioria absoluta dos especuladores na bolsa pertence, com graus variáveis de conformidade e diferentes níveis de confiança, a uma das *três principais escolas de pensamento* seguintes: análise fundamental (2.2.), análise técnica (2.3.) e "previsão psicológica de massas" (2.4.). (ou, nas palavras do próprio Keynes: (ou, nas palavras de Keynes: "esforços dirigidos a antecipar o que a opinião média espera que a opinião média seja").

Na maior parte das vezes, os adeptos de uma perspetiva também se inspiram noutra, como no caso dos fundamentalistas que também se preocupam com as influências e mecanismos psicológicos de massa; ou como os chartistas que estão convencidos de que os níveis de suporte e resistência não são apenas frequências estatisticamente recorrentes, mas também barreiras psicologicamente fortes, difíceis de ultrapassar (para cima ou para baixo). No entanto, neste livro descrevo brevemente cada uma destas perspectivas em *termos ideal-típicos*, tendo o cuidado de salientar os seus fundamentos teóricos peculiares.

Além disso, considero que a escola de pensamento mais promissora e heurística do ponto de vista sociológico é a que se refere à psicologia das massas e à influência social, cuja primeira conceção se encontra na obra-prima de John M. Keynes (1936).

A estas três correntes de pensamento, poder-se-ia acrescentar uma quarta perspetiva, apesar de ser defendida apenas por um único expoente, mas muito representativo, da raça dos especuladores: a que o próprio George Soros apresenta em termos de uma "teoria da reflexividade" (2.5.).

2.2. A análise fundamental e os "fundamentalistas"

Qualquer que seja o acordo em economia sobre a validade da teoria dos mercados eficientes nos mercados reais (e a validade da sua alegada hipótese de passeio aleatório), trata-se de uma teoria *que estimula* as previsões a longo prazo. De facto, de acordo com a teoria, os preços das acções devem refletir alguma informação económica fundamental ou "intrínseca", de tal forma que *cada variação no preço é racional, ou seja, reflecte uma variação no valor económico do ativo.*

Os adeptos da teoria da previsão baseada nos "fundamentos" económicos - curiosamente - não partilham qualquer visão ou definição comum do que deve ser considerado exatamente um "fundamento". Alguns pensam que tem a ver com o rácio preço/lucros (P/E) nos últimos cinco anos, outros com o fluxo de caixa (*dividendos*) que é distribuído pelos acionistas desses lucros[13] ou com os rendimentos dos dividendos (D/P); outros ainda com um conjunto de indicadores macroeconómicos fundamentais, actualizados ciclicamente e tornados públicos.

A chamada "Teoria da Base Firme" dos preços das acções - outro nome para a fé fundamentalista - no entanto, identificou quatro "determinantes fundamentais dos preços das acções". Esses determinantes são apresentados no quadro seguinte com as alegadas regras práticas básicas, respetivamente (versão reformulada de Malkiel, 1985, p. 81-89).

FUNDAMENTAL DETERMINANTES	REGRAS PRÁTICAS DE RACIONALIDADE INVESTIDORES
A taxa de crescimento prevista	Um investidor racional deve estar disposto a pagar um preço mais elevado por uma ação, quanto maior for a taxa de crescimento dos dividendos e quanto maior for a duração prevista para essa taxa de crescimento
O pagamento de dividendos previsto	Um investidor racional deve estar disposto a pagar um preço mais elevado por uma ação, mantendo-se os

13 Outra forma de conceber a hipótese do mercado eficiente é que os mercados são eficientes desde que os preços e as quantidades que geram captem todo o *excedente* disponível (Miller, 2000). Num mercado eficiente - por definição - o valor de um ativo é igual à soma do valor dos fluxos de caixa (devidamente ajustados) que gera. Dada a tendência comum para a aversão ao risco, o dinheiro recebido no futuro vale menos do que o dinheiro recebido no presente; assim, o momento e o risco de um fluxo de caixa podem ser considerados aplicando-lhe uma taxa de desconto (que varia entre zero e infinito). Naturalmente, um fluxo de caixa com uma taxa de desconto de zero é equivalente a dinheiro recebido no presente com certeza, enquanto um fluxo de caixa com uma taxa de desconto infinita não tem valor. Um exemplo simples pode ser esclarecedor. A fiabilidade creditícia do Tesouro dos Estados Unidos é considerada tão elevada que os seus títulos (ou seja, as obrigações) podem ser considerados isentos do risco de o Estado não honrar as suas obrigações financeiras para com os credores. Uma vez que o fluxo de caixa das obrigações é estabelecido quando a obrigação é emitida pela primeira vez (neste caso, pelo Tesouro) e o valor da obrigação na data de vencimento é igual à soma dos juros programados mais o capital (o capital investido no início), num mercado eficiente o preço das novas obrigações emitidas é igual à soma de todos os fluxos de caixa previstos para o comprador.

	outros factores iguais[14] , quanto maior for a proporção dos lucros de uma empresa que é paga em dividendos em dinheiro
O grau de risco	Um investidor racional e avesso ao risco deve estar disposto a pagar um preço mais elevado por uma ação, mantendo-se os outros factores inalterados, quanto menos arriscadas forem as acções da empresa.
O nível de juros do mercado taxas	Um investidor racional deve estar disposto a pagar um preço mais elevado por uma ação, mantendo-se os outros factores inalterados, quanto mais baixas forem as taxas de juro.

Obviamente, estas regras práticas simples têm limites severos, todos eles relacionados com a tarefa traiçoeira de prever os movimentos futuros dos preços. As expectativas sobre o futuro não podem ser comprovadas no presente e não se podem calcular números exactos a partir de dados indeterminados; por outras palavras, a bola de cristal é *intrinsecamente* nebulosa.

Segundo a brilhante exposição de Malkiel (1985), alguns factores podem ajudar a explicar por que razão a bola de cristal dos fundamentalistas não é tão fiável como seria de desejar. Por um lado, há a influência inelutável no mercado bolsista de acontecimentos imprevisíveis, tanto de natureza económica como de outra natureza exógena (por exemplo, política[15]). Para dar alguns exemplos recentes, os ganhos esperados de muitos títulos de luxo italianos e estrangeiros (Ferragamo, Prada,

14 A especificação "mantendo-se os outros factores iguais" é fundamental neste caso: as acções que pagam uma percentagem elevada dos lucros em dividendos podem ser maus investimentos se as suas perspectivas de crescimento forem desfavoráveis. Pelo contrário, muitas empresas na sua fase dinâmica de expansão pagam frequentemente pouco ou nada dos seus lucros em dividendos (na maior parte dos casos, precisam de os reinvestir imediatamente para continuar a crescer). Consequentemente, entre duas empresas cujas taxas de crescimento esperadas são iguais, é racional escolher aquela cujo pagamento de dividendos é mais elevado.

15 Em julho de 2015, por exemplo, as bolsas europeias em geral (incluindo a de Milão) sofreram muito com a decisão inesperada de Tsipras de marcar um referendo a favor ou contra as medidas de austeridade europeias, perdendo cerca de 5% da capitalização em apenas uma semana. Outros factos exógenos que têm um impacto imprevisível na bolsa são, por exemplo, os ataques terroristas (sobre esta questão, ver também o capítulo V deste livro).

Luxottica), muito apreciados no Extremo Oriente, sofreram, pelo menos momentaneamente, perdas imprevisíveis com a última diminuição do crescimento económico chinês e com as subsequentes medidas do Banco Central para desvalorizar o Yuan. Em janeiro de 2015, para dar um exemplo diferente, a Eni foi fortemente atingida por uma queda súbita do preço do petróleo (abaixo do suporte técnico de 50 dólares por barril), devido a descobertas inesperadas de novos campos de petróleo (aumento da oferta). O seu preço continuou a descer, acompanhando a tendência de baixa do preço do petróleo negro e o atraso na obtenção de um acordo entre os países da OPEP (menos de 35$ por barril em fevereiro de 2016). Além disso, uma informação "fundamental" pouco fiável, devido a ganhos duvidosos declarados através de procedimentos contabilísticos "criativos", pode distorcer sensivelmente as previsões de preços. Exemplos deste segundo caso também abundam, tanto no passado (a experiência dramática da Parmalat) como no presente (algumas obrigações "lixo" de bancos italianos).

Em todo o caso, os "fundamentalistas" concordam com o valor preditivo do *passado* económico *e* do *desempenho económico real* de uma empresa para prever o seu *desempenho* futuro. Por conseguinte, as suas previsões baseiam-se substancialmente nos *rendimentos económicos esperados*. O "instinto residual" fundamental e partilhado - nos termos de Pareto - é aqui a crença de que aquilo que se provou ser bom num período razoável do passado, e que ainda é válido no presente, dificilmente mudará de rumo de forma imprevisível no futuro (exceto em casos excepcionais, a estudar um a um). Os fundamentalistas são, além disso, os mais fortes defensores de uma *Weltanschauung* segundo a qual, sendo os mercados financeiros, na maior parte das vezes, eficientes, é razoável que as empresas com bom desempenho económico (ou bom desempenho promissor) procurem capitais de risco e financiamento na bolsa. Por esta razão, os fundamentalistas investem tipicamente em acções de empresas com baixos rácios preço/lucro, esperando que cheguem os bons tempos (que o preço das acções suba em conformidade com o seu "valor económico real"). Desta forma, estão *orientados para o longo prazo*, desde que os mercados não registem desalinhamentos endógenos preocupantes dos preços ou não tenham de enfrentar acontecimentos exógenos imprevisíveis.

Uma vez que os fundamentalistas acreditam que os preços das acções são - mais ou menos - *sólidos*, as suas decisões de investimento baseiam-se sobretudo num estudo aprofundado dos fundamentos económicos e a sua estratégia preferida é esperar e "continuar". Isto não quer dizer que sejam necessariamente avessos ao risco: o eventual ato de escolher acções com baixos rácios preço/lucro pode levá-los a investir em empresas ainda desconhecidas, pequenas, originais e pioneiras; em qualquer caso, tenderão a ser conservadores no que respeita ao capital investido e manterão tradições de investimento prudentes e bem sucedidas[16]. Os fundamentalistas transformam-se em especuladores quando abandonam a sua orientação a longo prazo, para se orientarem para as tendências de crescimento (decrescimento) a curto prazo.

2.3. A análise técnica e os "cartistas"

Enquanto a análise fundamental aposta na existência de um valor económico "verdadeiro" subjacente ao preço de cada ação, um "*Ding an sich*" kantiano (coisa em si) que sustenta o valor financeiro de cada ativo, a análise técnica baseia-se principalmente na "bondade" dos movimentos de preços passados para prever os futuros, independentemente de qualquer consideração do desempenho económico esperado.

Os adeptos do poder de previsão da análise técnica são por vezes designados por "chartistas", devido à sua atitude de estudar constantemente os quadros e gráficos, procurando 1) tendências; 2) níveis de apoio e resistência e 3) padrões figurativos recorrentes com um valor preditivo relativo, como as populares "ondas de Elliott"[17], ou figuras como a "taça invertida", "cabeça e ombros" ou "galhardete", etc. Utilizando

---

16 Os adeptos da análise fundamental, pela mesma razão, preferem geralmente carteiras diversificadas, com uma percentagem baixa de acções e uma percentagem mais elevada de obrigações, embora a moda crescente dos fundos de investimento (e os seus extraordinários desempenhos nos mercados, mesmo em tempo de crise) seja suscetível de ultrapassar esta tradição.

17 Após a publicação, em 1938, de *The Wave Principle* por Ralph Nelson Elliott, o poder preditivo da sua teoria para analisar e antecipar ciclos nas tendências de preços tem sido muito debatido e, por vezes, fortemente contestado. Em todo o caso, continua a ser amplamente aplicada como instrumento de análise técnica. Para um livro "definitivo" que ensine os comerciantes retalhistas a dominar o princípio das ondas e a tirar partido da sua aplicação, ver o "novo clássico" de Frost e Prechter Jr. (publicado pela primeira vez em 1978, na 10ª edição em 2005); para um guia visual mais recente, ver Gorman e Kennedy, 2013.

uma antiga palavra grega, os cartistas procuram e baseiam-se em *esquemas* (padrões dinâmicos mas repetitivos, formados por passos de dança) para prever futuros movimentos de preços (próximos passos de dança).

Quanto às tendências, é fácil ver como é que elas se formam e se perpetuam. Magee, o conhecido autor da bíblia da cartografia "*Technical Analysis of Stock Trends*" (1948), avança duas explicações possíveis. Uma

refere-se ao fenómeno conhecido como assimetria de informação entre os participantes no mercado: existe geralmente um acesso desigual à informação fundamental sobre uma empresa, de modo que ocorre uma espécie de "cascata de informação" (ver capítulo IV sobre este tema). A cascata de informação parte normalmente de um ou poucos operadores com informação privilegiada para os seus colegas e amigos, até que a informação chega aos outros investidores institucionais e, finalmente, se torna pública para os investidores leigos/retalhistas. Apesar do terrível atraso na difusão da informação ao longo desta cadeia, os investidores que progressivamente "saltam para o comboio" têm a perceção de sentir o cheiro do "smart money"[18] , reforçando assim uma tendência positiva se as notícias forem boas, ou negativa se as notícias forem más. Da "informação em cascata" deriva o efeito cumulativo do movimento gradual numa

---

18 Como se pode ler na *Forex Factory* (http://www.forexfactory.com/forum.php), Smart Money é a forma habitual como os jornais e outros meios de comunicação social, mas também uma boa parte da literatura científica, gostam de designar o "dinheiro investido ou apostado por aqueles que são considerados experientes, bem informados, 'conhecedores' ou os três". Embora existam poucas provas empíricas que apoiem a noção de que os investimentos com dinheiro inteligente têm um desempenho melhor do que os investimentos sem dinheiro inteligente, "muitas técnicas de especulação levam muito a sério esses influxos de dinheiro". Uma vez que os iniciados e os especuladores mais bem informados investem normalmente mais, "o smart money pode por vezes ser detectado por um volume superior ao habitual, especialmente quando existem poucos ou nenhuns dados públicos que o justifiquem. Saber quem é o "smart money" e quando e onde está a investir - pelo menos é o que diz a história habitual - pode ser muito vantajoso para os pequenos investidores que queiram seguir os passos do "smart money"". O que é sociologicamente relevante, seguindo e fazendo eco da brilhante visão de Keynes, é que as pessoas/os investidores leigos *pensam* que o "smart money" sabe algo mais do que eles: estão mais bem informados ou é suposto estarem, uma vez que movimentam tanto dinheiro e correm tantos riscos para os seus clientes ou para eles próprios (enquanto organizações). No entanto, o "smart money" não é necessariamente um "insider trading" privilegiado: é antes a categoria que utilizamos, talvez com excessiva facilidade, tanto para os investidores institucionais que movimentam grandes volumes de activos (como os "hedge funds", os fundos de investimento, os bancos de investimento...) como para os "insider traders" privilegiados que agem antecipadamente em relação ao mercado (e que, por isso, muitas vezes o "batem"), baseando-se em informações significativas ainda não públicas. Na primeira utilização, "inteligente" significa essencialmente poderoso, na segunda, "astuto". Por outras palavras, não existe uma distinção clara, a nível concetual e prático, entre o poder/capacidade de compra/venda e a riqueza de informação de que dispõem os operadores, sejam eles privados ou públicos, leigos ou investidores institucionais. (Uma sobreposição linguística que esconde uma certa confusão concetual entre os níveis quantitativo e qualitativo!)

mesma direção (ascendente ou descendente).

Os cartistas também têm uma explicação para a formação dos níveis de suporte e resistência, que são mais do que simples frequências. Como se sabe, é *contando* quantas vezes no passado (dentro de um determinado período de tempo) um preço atingiu um determinado nível, que a análise técnica consegue identificar os níveis de preços de suporte e de resistência. A razão pela qual estes níveis se formam é principalmente cognitiva: os investidores, segundo os grafistas, têm o péssimo hábito de se agarrarem ao preço de compra e/ou de o recordarem como um limiar abaixo do qual não estão dispostos a vender (ou a comprar, no caso de um limiar de venda): uma abordagem cognitiva denominada "heurística de ancoragem" pela psicologia cognitiva (o leitor pode encontrar pormenores sobre esta heurística no capítulo IV).

Por conseguinte, uma resistência é tecnicamente um preço frequentemente atingido que actua como um *teto* que se auto-reforça, impedindo os preços de subirem, e um apoio é um preço *"mínimo"* que se auto-reforça, impedindo os preços de descerem. O carácter de auto-reforço em causa é fácil de entender: sempre que a área de resistência (ou de apoio) é atingida e o preço das acções volta a descer (subir), a teoria "prevê" que o nível de resistência (apoio) se torna ainda mais difícil de ultrapassar do que antes, porque cada vez mais investidores têm a impressão de que o preço das acções não pode subir (ou descer) mais do que esse nível/barreira. Normalmente, o rompimento de um nível de resistência é interpretado como um sinal *de alta*, e o rompimento de um nível de suporte como um sinal *de baixa*. Além disso, a quebra de um suporte (resistência) transforma-o numa nova resistência (suporte), abrindo assim o caminho para uma maior dinâmica a ser tida em conta pela análise técnica.

A procura de imagens nas tendências é talvez um dos capítulos mais coloridos e "místicos" da análise técnica, aquele que provavelmente expõe os cartógrafos à acusação de serem como os *harúspices* romanos, que tentam prever o futuro lendo-o nas entranhas dos animais e no voo das aves, ou como os antigos e novos astrólogos, que interpretam o destino a partir das constelações e posições das estrelas.

Um exemplo simples é suficiente para explicar a lógica. Suponhamos que a tendência do preço de uma ação se move primeiro para cima até um determinado nível, depois horizontalmente no mesmo nível durante algum tempo e depois decisivamente para baixo. Um cartógrafo reconhecerá normalmente esta figura desenhada "espontaneamente" como um padrão de "cabeça e ombros" e, por conseguinte, aguardará a perfuração da linha de pescoço para vender (no início de uma tendência de baixa prevista). A figura contrária é a chamada "cabeça e ombros virados" (o preço move-se para baixo até um determinado nível, depois move-se horizontalmente no mesmo nível durante algum tempo, depois sobe), que é interpretada como uma indicação de compra.

No entanto, seria redutor limitar a análise técnica à procura de tendências, de níveis de apoio e de resistência, ou de padrões preditivos em busca de oportunidades de lucro. As versões mais sofisticadas da análise técnica defendem que um estudo cuidadoso dos "gráficos" permite prever, com uma boa aproximação, o *intervalo* de oscilações em que os preços se vão mover, quando não são fixados externamente. (Um bom exemplo do caso mais recente é o da moeda chinesa, que, apesar da recente descida do tecnicamente chamado "ponto médio", continua a ter um intervalo de volatilidade de, no máximo, 2%). As tendências são, efetivamente, valores médios móveis num determinado período de tempo: os sinais de compra e venda resultam de desvios estatisticamente significativos desses valores, mais do que de um padrão "geométrico" revelador. Para tornar este ponto mais claro, vou apenas apresentar ao leitor um dos instrumentos de análise técnica mais comuns, as chamadas *Bandas de Bollinger*, citando a explicação muito clara fornecida pela *Chartschool* de *StockCharts*[19] . "Desenvolvidas pelo analista financeiro americano John Bollinger, as Bandas de Bollinger são bandas de volatilidade colocadas acima e abaixo de uma média móvel" (normalmente cobrindo 20 dias). "A volatilidade é baseada no desvio padrão, que muda de acordo com a volatilidade: as bandas alargam-se automaticamente quando a volatilidade aumenta e estreitam-se quando a volatilidade diminui". "Para os sinais, as Bandas de Bollinger podem ser utilizadas para identificar M-Tops e W-Bottoms ou

19 http://stockcharts.com/school/doku.php?id=chart_school:technical_indicators:bollinger_bands.

para determinar a força da tendência". De qualquer forma, é importante notar que os movimentos acima ou abaixo das bandas não são necessariamente sinais: como diz Bollinger, os movimentos que tocam ou excedem as bandas são antes "*etiquetas*". "Um movimento para a banda superior geralmente mostra força, enquanto um movimento acentuado para a banda inferior mostra força.

A banda de Bollinger geralmente mostra fraqueza"[20] . Assim, as bandas de Bollinger podem ser utilizadas para determinar se os preços são relativamente altos ou baixos: uma avaliação, note-se, que nada tem a ver com um pretenso valor económico "intrínseco", mas apenas com a série de movimentos dos preços de mercado. De acordo com Bollinger, as bandas devem conter 88-89% da ação do preço, o que torna significativo um movimento fora das bandas. Tecnicamente, os preços são relativamente altos quando estão acima da banda superior e relativamente baixos quando estão abaixo da banda inferior. No entanto, os preços relativamente altos não devem ser considerados automaticamente um sinal de venda (ou de uma tendência de baixa). Da mesma forma, os preços relativamente baixos não devem ser considerados em alta ou como um sinal de compra. Tal como acontece com outros indicadores, as Bandas de Bollinger não se destinam a ser utilizadas como uma ferramenta autónoma, mas em conjunto com outros indicadores para eventual confirmação".

Da filosofia subjacente à análise técnica decorre que o cartista é um operador de curto ou médio prazo e não um investidor de longo prazo. Como tal, é provável que os chartistas sejam vistos como especuladores "em série". Mas em Nova Iorque, a sua reputação não é positiva por outras razões. Como salienta Malkiel, "talvez 90% dos

---

20 "Os osciladores de dinâmica seguem mais ou menos a mesma lógica. A sobrecompra (grandes volumes de compra) não indica necessariamente uma tendência de alta. É preciso força para atingir os níveis de sobrecompra e as condições de sobrecompra podem prolongar-se numa forte tendência de alta. Da mesma forma, os preços podem "percorrer a banda" com numerosos toques durante uma forte tendência de alta". Se assim for, é porque "a banda superior é dois desvios padrão acima da média móvel simples de 20 períodos; é preciso um movimento de preços bastante forte para ultrapassar esta banda superior". "Um toque na banda superior que ocorre depois de um W-Bottom confirmado pela Banda de Bollinger sinalizaria o início de uma tendência de alta. Assim como uma forte tendência de alta produz numerosas etiquetas de banda superior, também é comum que os preços não atinjam a banda inferior no decorrer de uma tendência de alta. Por vezes, a média móvel simples de 20 dias actua como apoio: de facto, as descidas abaixo da SMA de 20 dias proporcionam, por vezes, oportunidades de compra antes da próxima etiqueta da banda superior" (para mais pormenores e uma vasta gama de aplicações exemplares desta técnica, consulte o sítio Web da Stockcharts, www.stockcharts.com.

analistas de títulos de Wall Street se considerem fundamentalistas. Muitos argumentariam que os chartistas carecem de dignidade e profissionalismo" (p. 106). Os detractores dos chartistas fazem piadas fáceis sobre os seus esforços de previsão, recordando as tentativas bizarras, mas historicamente verdadeiras, de prever os movimentos da bolsa de valores com base na evolução da mancha solar .

Para as duras críticas dos fundamentalistas contra o chartismo e o seu pretenso valor preditivo, pode também ter contribuído a hostilidade do mundo académico, onde a análise técnica é considerada um anátema da ciência.

Seja qual for a sua raça, os críticos do chartismo estão certamente errados quando afirmam que Keynes foi o principal promotor do valor "castelo no ar" dos preços das acções, uma perspetiva que é comummente (mas erradamente) considerada como tendo inspirado o chartismo. Defendo firmemente que este é um mal-entendido contraproducente da conceção de Keynes, que, pelo contrário, considero uma perspetiva muito promissora para uma nova sociologia da bolsa de valores.

2.4. O concurso de beleza de Keynes e a solteirona

John Maynard Keynes (1936) juntou explicitamente o ponto de vista dos investidores ao abordar o tema da bolsa de valores, sem se afastar substancialmente dele no decurso do capítulo dedicado da *Teoria Geral* (capítulo 12), significativamente intitulado "The state of long term expectation". A sua primeira preocupação é esclarecer a natureza da confiança que os investidores partilham ao colocarem o seu dinheiro e as suas poupanças em títulos da bolsa. A sua resposta é a seguinte: "na prática, concordámos tacitamente, como regra, em recorrer ao que é, na verdade, uma *convenção*. A essência desta convenção (...) consiste em assumir que o estado de coisas existente continuará indefinidamente, exceto na medida em que temos razões específicas para esperar uma mudança" (p. 152). Por conseguinte, a confiança no investimento na bolsa de valores equivale, em última análise, à confiança de que esta convenção se manterá.

"Porque se existem mercados de investimento organizados e se podemos confiar na manutenção da convenção, um investidor pode legitimamente encorajar-se com a ideia de que o único risco que corre é o de uma verdadeira mudança nas notícias num futuro próximo (...). Com efeito, partindo do princípio de que a convenção é válida, são apenas estas alterações que podem afetar o valor do seu investimento, e o investidor não precisa de perder o sono apenas porque não tem qualquer noção do valor do seu investimento daqui a dez anos. Assim, o investimento torna-se razoavelmente "seguro" para o investidor individual durante períodos curtos e, por conseguinte, durante uma sucessão de períodos curtos, por mais numerosos que sejam (.). Foi, estou certo, com base num procedimento como este que se desenvolveram os nossos principais mercados de investimento. Mas não é surpreendente que uma convenção, numa visão absoluta de coisas tão arbitrárias, tenha os seus pontos fracos" (p. 153).

Os "pontos fracos" são principalmente factores que causam instabilidade no mercado bolsista. Um deles, o crescente grau de "ignorância" devido ao aumento gradual da proporção do capital próprio detido por pessoas que não são proprietárias ou gestoras de uma empresa, será objeto de discussão no capítulo IV.

Vou agora concentrar-me em dois factores interligados, de grande importância na visão de Keynes sobre o mercado de acções. Por um lado, ele nota que uma avaliação convencional, estabelecida como resultado da psicologia de massas de um grande número de indivíduos ignorantes, é suscetível de oscilações e flutuações súbitas, vagamente relacionadas com o rendimento prospetivo das acções (Black ter-lhe-ia provavelmente chamado "ruído"). Isto dá frequentemente lugar a ondas de tendências emocionais irracionais, como o otimismo e o pessimismo, com grande prejuízo para a estabilidade do mercado (sobre este ponto, ver novamente o capítulo IV deste livro). Por outro lado, observa Keynes, seria de esperar que os profissionais do mercado e os investidores qualificados fossem capazes de contrariar estas irracionalidades de uma forma ou de outra. No entanto, não é esse o caso. Por uma razão muito interessante, ligada aos objectivos, expectativas e comportamentos reais dos profissionais especializados (hoje chamados "smart money"):

"Poder-se-ia supor que a concorrência entre profissionais especializados, que possuem um discernimento e um conhecimento superiores aos do investidor privado médio, corrigiria os caprichos do indivíduo ignorante abandonado a si próprio. Acontece, no entanto, que as energias e a habilidade do investidor profissional e do especulador estão principalmente ocupadas de outra forma. De facto, a maioria destas pessoas está, em grande parte, preocupada, não em fazer previsões superiores a longo prazo sobre o rendimento provável de um investimento ao longo do seu período de vida.

O que está em causa não é o valor real de um investimento para uma pessoa que o compra "para manter", mas o valor que o mercado lhe atribuirá, sob a influência da psicologia de massas, daqui a três meses ou um ano" (Keynes). Preocupam-se, não com o valor real de um investimento para uma pessoa que o compra "para manter", mas com o valor que o mercado lhe dará, sob a influência da psicologia de massas, daqui a três meses ou um ano" (Keynes, p. 155).

Assim, segundo Keynes, aquilo a que temos vindo a chamar "os passeios aleatórios" dos preços em torno dos seus valores fundamentais - e sobretudo os booms e busts cíclicos e devastadores - não se devem apenas a uma orientação de curto prazo dos investidores profissionais (incapaz de contrariar a ignorância dos investidores leigos). Devemse também à atitude de prever o futuro próximo com base nas reacções e flutuações psicológicas de massa esperadas. Consequentemente, os investidores profissionais são propensos à "antecipação de mudanças iminentes nas notícias ou na atmosfera, do tipo pelo qual a experiência mostra que a psicologia de massas do mercado é mais influenciada" (p. 155).

Para clarificar este ponto, Keynes utiliza a conhecida (mas por vezes abusada) metáfora do contexto de beleza. Confronta o investimento profissional com os concursos de jornais em que os concorrentes têm de selecionar um número fixo de "rostos mais bonitos" de entre uma centena de fotografias e em que o prémio é atribuído ao concorrente cuja seleção corresponde mais de perto *às preferências médias de todos os concorrentes*. O concorrente inteligente vai escolher não os rostos de que mais gosta, mas aqueles que pensa serem considerados mais bonitos pelos outros concorrentes. O raciocínio pode continuar com vários graus de aproximação, mas o objetivo (e a lógica) é sempre o mesmo: *pensar no que os outros pensam que os outros podem pensar* (e assim por diante). No mercado de acções, isto significa que os especialistas tentam constantemente prever como o mercado (enquanto sujeito coletivo) julgará as mudanças, tentando adivinhar o julgamento médio (ou a tendência predominante).

ESQUEMAS PONZI

Os esquemas Ponzi devem o seu nome a Charles Ponzi, um famoso vigarista ativo nos Estados Unidos em 1920, que atraiu 30000 investidores leigos numa enorme fraude que totalizou 15 milhões de dólares em apenas sete meses.

Disse aos investidores que poderiam ganhar muito dinheiro explorando uma oportunidade de lucro de arbitragem, comprando cupões de resposta postais internacionais na Europa e vendendo-os nos EUA, tirando partido da taxa de câmbio. O embuste foi descoberto assim que o chefe dos correios de Nova Iorque declarou que a oferta mundial de cupões postais internacionais não era suficiente para fazer a fortuna que Ponzi alegava.

Num esquema Ponzi, o gestor promete aos investidores leigos grandes lucros através do investimento do seu dinheiro. No entanto, na maioria das vezes, o dinheiro não é investido num ativo real. Em vez disso, o dinheiro é utilizado para pagar aos investidores iniciais com o produto de uma venda a uma segunda ronda de investidores, e à segunda ronda com o produto da terceira, e assim sucessivamente até que o embuste seja descoberto e o seu gestor detido. A chave para o sucesso do esquema é a propaganda boca a boca dos primeiros investidores satisfeitos, que anunciam o "negócio" a outras pessoas. Uma famosa série de esquemas Ponzi foi perpetrada na Albânia em 1996-7, acumulando cerca de 2 mil milhões de dólares, o equivalente a cerca de 30% do PIB albanês. Outro foi o recente esquema Ponzi de Bernie Madoff, revelado em 2008 (mas iniciado na década de 1970) e estimado em quase 65 mil milhões de euros.

A reação "normal" às dificuldades deste jogo (adivinhar o juízo médio de um sujeito coletivo de actores concorrentes e não cooperantes) é a procura de abrigo e de lucro a curto prazo. Assim, os especialistas, segundo Keynes, são propensos a jogar o jogo da velha, ou uma das suas variantes (The Snap, o Musical Chairs, todos baseados no mesmo princípio). O objetivo exclusivo e o fim do jogo da solteirona é passá-lo *antes que seja tarde demais*, antes que o jogo termine e se encontre nas suas próprias mãos, perdendo o jogo (no caso das Cadeiras Musicais, o objetivo é encontrar um lugar livre antes que a música pare: quem se levanta é o perdedor). A história económica está repleta de exemplos de acções especulativas criadas e conduzidas pela lógica da Velha Criada: só que, normalmente, são chamadas de Esquemas Ponzi que ocorrem naturalmente (ver caixa).

Além disso, ninguém, tanto quanto sei, foi mais claro do que Keynes ao sublinhar o pressuposto subjacente que está na origem desta dupla orientação prejudicial para a psicologia de massas e para o curto prazo, bem como ao definir o objeto social do investimento qualificado (e nobre):

"Este é o resultado inevitável dos mercados de investimento organizados com vista à chamada 'liquidez'. Das máximas das finanças ortodoxas, nenhuma é certamente mais antissocial do que *o fetiche da liquidez*, a doutrina de que é uma virtude positiva da parte das instituições de investimento concentrar os seus recursos na detenção de títulos "líquidos". Esquece-se que a liquidez do investimento não existe *para a comunidade no seu conjunto*. O objetivo social do investimento qualificado deve ser o de derrotar as forças obscuras do tempo e da ignorância que envolvem o nosso futuro (Keynes, p. 155).

"Vencer as forças obscuras do tempo e da ignorância" deveria também tornar-se o objetivo final de uma nova sociologia da bolsa, uma sociologia destinada a combater as manias colectivas e os comportamentos irracionais contagiosos.

Antes de entrarmos no fascinante domínio das euforias e dos pânicos financeiros, vamos finalmente dar voz a um dos especuladores vivos mais bem sucedidos.

2.5. Teoria da Reflexividade de Soros

Poucas teorias dos mercados financeiros foram tão ignoradas pela economia (e pela sociologia) como a teoria da reflexividade de Soros, uma teoria que é ao mesmo tempo uma crítica intelectual ao seu mentor Karl Popper[21] , uma reelaboração de uma experiência de vida como grande especulador e a sua própria explicação de como os mercados financeiros se comportam de facto.

No seu bestseller *A Alquimia das Finanças* (1987; citações da 3ª edição, 2003), apresenta a sua teoria como oposta à teoria das expectativas racionais e como radicalmente alternativa à hipótese do mercado eficiente: em conjunto, "estas teorias apoiam a crença de que os mercados financeiros, deixados à sua sorte, asseguram a afetação óptima dos recursos" (p. 3). O que, de acordo com Soros, é flagrantemente

21 Numa crítica aberta a Karl Popper, um dos seus mentores intelectuais, Soros critica a doutrina da unidade das ciências, partindo do princípio da incerteza humana.

contra a evidência.

No que diz respeito à teoria das expectativas racionais, segundo a qual, na ausência de choques exógenos, os mercados financeiros tendem para um equilíbrio que reflecte com exatidão as expectativas dos participantes, Soros afirma que ela é imperfeita. A razão é que os participantes no mercado "agem não com base nos seus interesses, mas na sua perceção dos seus melhores interesses, e os dois não são idênticos" (p. 4). Consequentemente, a compreensão dos criadores de mercado é imperfeita e as suas acções têm consequências não intencionais. Também a forma adoptada pela teoria das expectativas racionais para ultrapassar esta dificuldade - alegando que o mercado como um todo sabe sempre mais do que qualquer participante individual - é totalmente enganadora, na opinião de Soros.

A teoria da reflexividade, em vez disso, parte do pressuposto oposto de que o "mercado está sempre errado"[22] : o mercado, afirma, está sempre a mover-se de acordo com uma tendência predominante, uma *profecia auto-realizável*[23] capaz de alterar não só os preços de mercado contingentes, mas também os seus valores económicos fundamentais e subjacentes.

No que diz respeito à hipótese do mercado eficiente, Soros escreve: "Foram envidados grandes esforços para conciliar o comportamento real dos mercados financeiros com a hipótese do mercado eficiente, adoptando uma definição cada vez mais elástica de racionalidade e definições cada vez mais modestas de eficiência. Estas modificações não vão suficientemente longe. É altura de mudar de paradigma (p. 4)". A principal acusação contra a eficiência do mercado é a evidência de booms e busts recorrentes registados na história económica. "A teoria da reflexividade pode explicar essas bolhas, enquanto a hipótese do mercado eficiente não pode" (p. 5). A "ilusão" de que os mercados estão sempre certos é, de facto, produzida pela interação reflexiva entre o

---

22 Um ponto de vista totalmente oposto defende que "o mercado tem sempre razão". Para um debate sobre esta posição e a noção conexa de "sabedoria das multidões", ver Surowiecki (2004).
23 "A profecia auto-realizável é, no início, uma *falsa* definição da situação que evoca um novo comportamento que torna *realidade* a falsa conceção original. Esta validade ilusória da profecia auto-realizável perpetua um reino de erro. Pois o profeta citará o curso atual dos acontecimentos como prova de que estava certo desde o início". (R.K. Merton, 1948). O próprio Merton recorda uma definição mais curta oferecida por W.I.Thomas: "Se os homens definem as situações como reais, elas são reais nas suas consequências" (Merton, 1948, p. 193).

conhecimento que os criadores de mercado têm do mercado e o facto de participarem nele e agirem de acordo com esse conhecimento.

A teoria da reflexividade de Soros é uma teoria de ciclo de feedback, auto-validante (em períodos de expansão) e auto-destrutiva (em períodos de recessão) entre as funções cognitivas e participativas. A primeira vai dos resultados para as expectativas, a segunda das expectativas para os resultados; mas "a seta da causalidade não vai de um conjunto de resultados para o seguinte; ela cruza-se dos resultados para as expectativas e vice-versa" (p. 19). É por isso que ele chama a este corolário a "teoria do atacador da história".

A necessidade de uma teoria da refletividade surge da urgência de contrastar o "fundamentalismo de mercado", que Soros considera uma ideologia falsa e perigosa. É falsa por dois motivos. Por um lado, interpreta mal a forma como os mercados financeiros se comportam na realidade, ao assumir que tendem para um equilíbrio que assegura a afetação óptima dos recursos; por outro lado, "equipara os interesses privados ao interesse público, conferindo assim uma qualidade moral à prossecução do interesse próprio" (p. 33). O reconhecimento da reflexividade, de acordo com

Soros, "poderia definitivamente melhorar as políticas públicas. A gestão das moedas beneficiaria de uma maior vontade de modificar o regime em vigor quando as suas deficiências se tornassem evidentes; e uma melhor compreensão do processo de expansão/abertura poderia ajudar as autoridades a evitar que este ficasse fora de controlo" (p. 35) .[24]

Além disso, Soros defende que a teoria da reflexividade não é exclusiva ou específica dos mercados financeiros, mas das ciências sociais em geral. Ele afirma que as ciências sociais (incluindo a economia e as finanças, claro!) *não* são ciências da mesma forma que as ciências naturais, porque só nas ciências sociais o conhecimento e a prática

24 Assim, no mercado cambial, por exemplo, a teoria da reflexividade permite ver que a relação entre a taxa de inflação doméstica e a taxa de câmbio internacional não é unidirecional, mas circular. "As mudanças numa podem preceder as mudanças na outra, mas não faz sentido descrever uma como a causa e a outra como o efeito, porque elas se reforçam mutuamente. É mais correto falar de um círculo vicioso em que a moeda se deprecia e a inflação acelera ou de um círculo benigno em que acontece o contrário" (p. 74).

baseados nesse conhecimento influenciam o objeto de estudo, fazendo-o mudar ao mesmo tempo que os actores aprendem e agem. Isto é especialmente verdadeiro para os participantes na bolsa de valores.

Na prática, a teoria da reflexividade exige que se parta do princípio de que o mercado está sempre errado (mesmo que muitas vezes se possa auto-validar) e que se procurem sistematicamente as falhas. É interessante notar que, segundo Soros, esta abordagem não só é coerente com os ensinamentos de John Maynard Keynes, como representa a sua realização prática. Como ele explica:

"Na minha carreira de investidor, parti do princípio de que todas as teses de investimento têm falhas. (...): é um pressuposto muito útil para trabalhar. O facto de uma tese ser imperfeita não significa que não se deva investir nela, desde que outras pessoas acreditem nela e ainda haja um grande grupo de pessoas a serem convencidas. John Maynard Keynes comparou o mercado de acções a um concurso de beleza em que o vencedor não é o concorrente mais belo, mas aquele que o maior número de pessoas considera belo. O que tenho de significativo a acrescentar é que vale a pena procurar as falhas; se as encontrarmos, estamos à frente do jogo porque podemos limitar as nossas perdas quando o mercado também descobre o que já sabemos. É quando não temos consciência do que pode correr mal que temos de nos preocupar" (p. 25).

Reduzir as perdas a tempo - colocando as ordens corretas de stop loss - pertence às hiper-racionalidades da especulação, tal como o scalping (colocando ordens de take profit), e como reinvestir apenas os ganhos e não todo o capital. No entanto, o efeito agregado da redução das perdas por parte de muitos especuladores pode muito bem produzir uma venda em pânico, quando emoções e processos sociais vêm escurecer a luz brilhante - mas por vezes detestável - da hiper-racionalidade.

Capítulo III

Restrições à especulação

3.1. Domar o Lobo de Wall Street

No capítulo anterior, partindo sobretudo do contributo clássico de Weber e Keynes, foram esboçados alguns dos traços definidores da especulação, em termos de parasitismo racional - hiper-racional: foram também apontadas as suas condições de capacidade e as suas manifestações ideal-típicas.

Mais uma vez, foi John Maynard Keynes o primeiro a conceber a possibilidade de domar a especulação, ou, tomando de empréstimo o título de um famoso livro de J. Belfort, de "Domar o Lobo de Wall Street". Na obra-prima de Keynes, de facto, lê-se: "a introdução de um *imposto governamental* substancial sobre todas as transacções pode revelar-se a reforma mais útil disponível, com vista a mitigar a predominância da especulação sobre a iniciativa nos Estados Unidos" (1936, p. 160).

Neste capítulo, defendo que, apesar de nem todos os actos especulativos serem necessariamente movidos ou inspirados pela hiper-racionalidade (como o capítulo IV mostrará em pormenor), é justamente o carácter puramente racional da especulação que pode permitir a sua eventual contenção, pelo menos parcial. Esta afirmação, que tem importantes consequências práticas, pode ser defendida através de três argumentos distintos, que vou desenvolver em pormenor, embora sem objectivos exaustivos.

Os excessos de especulação podem ser contidos por normas e desincentivos económicos, muitas vezes sob a forma de impostos sobre as transacções e sobre os ganhos (como os impostos sobre os ganhos de capital). Estes vários meios de contenção, apesar das suas muitas diferenças, são *limites institucionais* à especulação. O que têm em comum não é apenas um tipo de processo de institucionalização, mas também uma alegada sanção (económica, penal) em caso de desvio.

De relevância prática é saber se essas restrições institucionais *são* eficazes para domar os excessos especulativos. Para começar a abordar este tópico empiricamente, apresento brevemente dois estudos de caso: o primeiro dedicado aos "circuit breakers" da NYSE; o segundo à introdução da taxa Tobin na Bolsa de Milão desde março de 2013.

A parte restante do capítulo é dedicada a duas formas de *auto-contenção*, que considero de especial interesse do ponto de vista sociológico: *as restrições relacionadas com os custos* e *as restrições sociais*. A ideia central da autocontenção em relação à especulação, uma ideia já implícita no trabalho de Abolafia, é que os actores racionais da bolsa - parasitas racionais - estão conscientes da necessidade de restringir o seu próprio oportunismo para não destruírem o "organismo" - o mercado de acções - que os acolhe e alimenta.

As restrições relacionadas com os custos no comportamento de negociação especulativa podem ser consideradas um subtipo de auto-contenção, uma vez que são limites auto-impostos na negociação *devido ao cálculo hiper-racional*. A noção de custo e as suas declinações conexas, como *os custos de transação* e *os custos de informação*, estão no cerne do fascinante domínio da economia geralmente designado por "microestrutura" das transacções nos mercados de valores mobiliários (para uma visão clara deste domínio de estudo, recomendo vivamente *Market Microstructure Theory*, de Maureen O'Hara, 1995). Com base nessa literatura, prefiro manter uma distinção concetual entre custos de transação e custos de informação, a fim de abrir caminho a uma nova investigação sociológica sobre as decisões de negociação em linha.

As restrições sociais são um tipo diferente de autocontrolo que pode ser útil para domar os excessos especulativos. O primeiro sociólogo a estudar formas de autocontrolo social (no que respeita à comunidade de comerciantes) foi novamente Max Weber. Ele sugeriu que os participantes no mercado que pertencem à "aristocracia do dinheiro" são - e, na sua opinião, *devem* ser - actores sociais dispostos a preservar a honra e o prestígio perante os seus concorrentes na categoria. Por estes mesmos motivos, e não por um raciocínio hiper-racional, os comerciantes estariam propensos a adotar comportamentos de autocontenção destinados a evitar os excessos perturbadores da especulação. Uma visão sociológica que promete ser muito desafiante quando aplicada ao atual comércio em linha.

3.2. Restrições institucionais: dois estudos de caso

Como suponho ser do conhecimento geral, a regulamentação varia de mercado para mercado, mas em qualquer caso as regras institucionais ditam, caso a caso: 1) o que pode ser negociado (por exemplo, acções, futuros, opções, mercadorias, certificados...); 2) quem pode negociar (corretores, operadores, especialistas/criadores de mercado); 3) quando e como as ordens podem ser apresentadas; 4) como as ordens podem ser processadas e 5) como os preços são fixados (vários tipos de leilões, negociação contínua...).

O vasto conjunto de normas que regem cada bolsa de valores exige instituições específicas de acompanhamento e controlo: são estas as funções, por exemplo, da SEC (Securities and Exchange Commission) nos EUA e da Consob em Itália. Outras agências "externas" às bolsas de valores (por exemplo, as agências de notação Standard and Poor's, Moodys...) estão então empenhadas em *classificar* o valor económico e financeiro (e o risco) de activos, títulos, mercadorias, bancos e mesmo défices públicos nacionais. A sua fiabilidade é controversa e debatida. Por exemplo, o problema das agências externas de controlo ou de monitorização foi definido por alguns sociólogos económicos italianos como o problema de "guardar os guardiões" ou de "avaliar os avaliadores" (Catino 2010; Mutti 2010).

Neste parágrafo, concentro-me em algumas medidas institucionais destinadas a travar a especulação. Até à data, a investigação sobre a macro e a microestrutura das bolsas de valores tem-se centrado sobretudo nas normas que regem a Bolsa de Valores de Nova Iorque (NYSE), pelo que é mais fácil destacar as regras específicas destinadas a conter os excessos de especulação nesse mercado. No entanto, as regras específicas não são o único meio institucional para refrear a especulação: impostos específicos e medidas fiscais específicas podem ser utilizados com o mesmo objetivo. A introdução relativamente tardia, em 2013, da taxa Tobin sobre as transacções de valores mobiliários em Itália constitui um estudo de caso empírico muito interessante a este respeito, com resultados bastante surpreendentes, como mostrarei.

3.3. NYSE: Disjuntores

Como uma das principais fontes de especulação é a volatilidade, vale a pena estudar os "circuit breakers" da NYSE, concebidos para serem "contentores de volatilidade". Representam também uma modalidade muito interessante para conter a irracionalidade, as vendas de pânico e outras reacções emocionais (objeto do próximo capítulo).

A história dos "disjuntores" começa após o crash do mercado de outubro de 1987, conhecido como a Segunda-Feira Negra. A "invenção" deste instrumento normativo é, na verdade, uma importação do campo da engenharia, onde um disjuntor é um interrutor elétrico operado automaticamente destinado a proteger um circuito elétrico de danos causados por sobrecarga ou curto-circuito. A sua principal função é detetar uma situação de falha e interromper o fluxo de corrente. A função dos disjuntores é análoga no mercado de acções, onde são paragens de negociação desencadeadas por movimentos bruscos de preços ou, por outras palavras, limiares quantitativos concebidos para restringir a especulação em períodos de grande volatilidade.

Os disjuntores, que suspendem a negociação durante algum tempo, dão aos investidores a oportunidade de reconsiderarem as suas decisões e de "arrefecerem": ao implementar uma pausa na negociação, os investidores têm também tempo para assimilar eventuais novas informações recebidas e para reformularem as suas estratégias de negociação em conformidade.

Os disjuntores da NYSE sofreram alterações ao longo do tempo, tanto formais como substanciais. Assim, por exemplo, em 1992, quando o Dow Jones Industrial Average (o principal índice da NYSE, doravante DJIA) desceu 250 pontos em relação ao fecho do dia anterior (o nível final atingido no fecho da bolsa), todas as transacções de acções tiveram de ser interrompidas durante uma hora. Quando a descida do DJIA atingia 400 pontos, todas as transacções tinham de ser interrompidas durante duas horas. Segundo Maureen O' Hara, "estes procedimentos nunca foram efetivamente utilizados. Mais importante foi a Regra 80A, que restringe a arbitragem de índices (ou negociação de programas). Quando o Dow Jones desce 50 pontos em relação ao fecho anterior, as ordens de venda relacionadas com a arbitragem do índice só podem ser executadas com um tick positivo ou negativo" (1992, p. 11). Isto significa que o sell-off não é permitido, enquanto as ordens de compra são promovidas (num tick zero ou menos). O mesmo se aplica geralmente às acções individuais, cuja negociação pode ser interrompida durante algum tempo devido a oscilações excessivas e a diferenciais de compra e venda (e reaberta mais tarde, geralmente após a divulgação pública de novas informações sobre a empresa).

Dez anos mais tarde, em 2012, em ligação com a aprovação do Plano do Regulamento NMS para fazer face à Volatilidade Extraordinária do Mercado, comummente designado por *Plano Limit Up - Limit Down* (ver abaixo), a SEC aprovou alterações à Regra 80B (Interrupção da Negociação devido a Volatilidade Extraordinária do Mercado), em vigor desde 8 de abril de 2013. Estas alterações reviram as disposições relativas às suspensões e aos níveis de disjuntor. A Regra 80B alterada substituiu o DJIA pelo S&P 500[25] como índice de referência para medir um declínio do mercado; o recálculo do calendário trimestral dos accionadores da Regra 80B por recálculos diários; e as percentagens de declínio do mercado de 10%, 20% e 30% por percentagens de declínio do mercado de 7%, 13% e 20%. A Regra 80B alterada também modificou a duração das suspensões de negociação associadas a cada nível de declínio do mercado e os momentos em que uma suspensão de negociação pode ser acionada[26] . De acordo com a Regra 80B alterada, em cada trimestre mensal a NYSE estabelece três níveis de circuit breaker a níveis de 7% (Nível 1), 13% (Nível 2) e 20% (Nível 3) do preço médio de fecho do S&P 500 para o mês anterior ao início do

25 O Standard & Poor's 500 é um índice do mercado de acções americano baseado nas capitalizações de mercado de 500 grandes empresas com acções ordinárias cotadas na NYSE ou na NASDAQ.

26 Por exemplo, se ocorrer uma queda de mercado de Nível 1 e a negociação for interrompida, após a reabertura da negociação, a NYSE não interromperá o mercado novamente, a menos que ocorra uma queda de mercado de Nível 2. Do mesmo modo, após a reabertura da negociação na sequência de uma queda de mercado de Nível 2, a NYSE não suspenderia novamente a negociação, exceto se ocorresse uma queda de mercado de Nível 3, altura em que a negociação em
todas as acções seriam suspensas até à abertura do mercado primário no dia de negociação seguinte. Uma suspensão de Nível 1 ou Nível 2 só pode ocorrer uma vez por dia de negociação. Para informações mais pormenorizadas, consultar a hiperligação oficial da NYSE: https://www.nyse.com/markets/nyse/trading-info. De passagem, as restrições à negociação dos contratos de futuros Dow negociados na Chicago Board of Trade baseiam-se nos níveis da NYSE, com a exceção de que apenas o limiar de 10% está em vigor fora do horário normal de negociação da NYSE e é relativo ao preço de liquidação diário anterior.

trimestre, arredondado para o intervalo de 50 pontos mais próximo. Dependendo da queda de pontos que ocorre e da hora do dia em que acontece, ocorrem automaticamente diferentes acções: As descidas de Nível 1 e Nível 2 resultam numa paragem de negociação de 15 minutos, exceto se ocorrerem depois das 15:25, altura em que não se aplicam paragens de negociação. Uma descida de nível 3 resulta na suspensão da negociação durante o resto do dia.

Curiosamente, alguns autores afirmaram recentemente que não existe um mecanismo de disjuntor no lado positivo que impeça ganhos especulativos. Portanto, o freio de negociação seria "uma forma de viés de bolha institucionalizado" (Mizuta et a., 2013)[27] . No entanto, *o plano Limit Up - Limit Down* (LULD), claramente ilustrado no sítio oficial da NYSE, representa um ponto de apoio, fixando também limites *máximos* para as oscilações individuais dos preços das acções.

O LULD foi aprovado pela SEC em 31 de maio de 2012, numa base piloto do Plano do Sistema do Mercado Nacional, "para fazer face à volatilidade extraordinária do mercado". O objetivo do LULD[28] é evitar que as transacções em acções *individuais* da NM (ou derivados) ocorram fora das *bandas de preços* especificadas, que são definidas a um nível percentual *acima e abaixo do* preço médio de referência de um título durante o período de cinco minutos anterior.

As bandas de preços são calculadas multiplicando o preço de referência atual pelo parâmetro de percentagem aplicável e, em seguida, adicionando (ou subtraindo) esse valor ao preço de referência. Assim, por exemplo, dado que para um título de Nível 1

---

27 T. Mizuta, K. Izumi, I. Yagi e S. Yoshimura, "Design of Financial Market Regulations against Large Price Fluctuations Using by Artificial Market Simulations," *Journal of Mathematical Finance*, Vol. 3 No. 2A, 2013, pp. 15-22.

28 A LULD é por vezes interpretada como uma melhoria das anteriores restrições à negociação de programas, que eram frequentemente referidas pelas redes de televisão financeiras (como a CNBC) como "curbs in". A NYSE implementou anteriormente uma restrição à negociação de programas, definida como um cabaz de acções do S&P 500 com pelo menos 15 acções, ou, em alternativa, em que o valor do cabaz é superior a 1 milhão de dólares. Em 7 de novembro de 2007, esta regra foi revogada devido à sua ineficácia na contenção da volatilidade do mercado. Quando activadas, as restrições restringiam as transacções do programa à venda em períodos de alta e à compra apenas em períodos de baixa. As restrições de negociação ficavam activas sempre que o NYSE Composite Index se movia 190 pontos ou o Dow Jones Industrial Average se movia 2% em relação ao seu fecho anterior. Uma vez que mais de 50% de todas as transacções na NYSE são efectuadas através de programas, esta restrição deveria limitar a volatilidade, atenuando a capacidade de as transacções automatizadas fazerem baixar os preços das acções através de um feedback positivo.

o parâmetro percentual é de 5%, caso o preço de fecho anterior seja superior a $ 3,00, o preço da banda superior será de $ 26,25 (+5%) e o preço da banda inferior será de $ 23,75 se o preço de fecho de um título for de $ 25,00. Para cada título, as bandas de preços são calculadas pelos dois SIPs-CTA e Nasdaq UTP. Quando a Melhor Oferta Nacional é inferior à Banda de Preços Inferior (ou quando a Melhor Oferta Nacional é superior à Banda de Preços Superior), os SIPs divulgam uma indicação de que a Melhor Oferta Nacional (Oferta) *não* é *executável.* Nesta altura, podem ocorrer duas situações. Por um lado, se a Melhor Oferta de Compra (Oferta de Venda) Nacional igualar mas não ultrapassar as bandas de preço, a negociação entra imediatamente num *Estado Limite*. A negociação sai desse estado se, no espaço de 15 segundos, todas as cotações do Estado Limite tiverem sido executadas ou canceladas na totalidade. Caso isso não aconteça, a negociação é interrompida por uma pausa de cinco minutos. Por outro lado, a negociação pode entrar num *estado de Straddle*, quando o National Best Bid (Offer) está acima ou abaixo das bandas de preços. Neste caso, a bolsa de cotação primária pode declarar uma Pausa de Negociação para a ação em questão. Em ambos os casos, as pausas terminam assim que o preço da bolsa volta a entrar na banda de preços. Por esta razão, o objetivo dos limites de preços não é tanto parar as transacções, mas sim abrandar o seu ritmo.

As "lombas" ou *"amortecedores"* são variações dos limites de preços. No caso das lombas, os limites são fixados em níveis muito mais estreitos do que os dos disjuntores. Algumas bolsas de futuros nos Estados Unidos adoptaram limites de velocidade para abrandar (mas não para parar) a negociação de futuros sobre índices de acções. Entre estes, contam-se os limites de preço de abertura para os futuros sobre índices de acções negociados na Chicago Mercantile Exchange.

Se os disjuntores e os preços da banda inferior-superior são ou não eficazes na negociação diária é um tema altamente debatido entre académicos e especialistas financeiros. De qualquer forma, podem ser identificadas duas escolas de pensamento opostas, uma que apoia fortemente a utilização de disjuntores e outra que se opõe ainda mais fortemente. Os apoiantes argumentam que os circuit breakers são meios eficazes para restabelecer o equilíbrio entre compradores e vendedores quando os spreads entre compra e venda são demasiado elevados; além disso, reconhecem que as interrupções da negociação são úteis para absorver as notícias de última hora e, eventualmente, para forjar estratégias de negociação mais informadas. Os opositores, pelo contrário, acreditam que os circuit breakers muitas vezes "prendem" os investidores nas suas posições, impedindo-os de tomarem medidas que reflictam as suas avaliações dos acontecimentos económicos. Além disso - e este é o seu argumento mais forte - os disjuntores acelerariam os movimentos de preços em direção a limiares conhecidos, uma vez que os participantes no mercado alteram as suas estratégias em antecipação de uma paragem do mercado (um fenómeno estudado na literatura sob a designação de "*efeito de íman*"). Por último, os opositores alegam que os disjuntores geram pânico e incerteza, na medida em que provocam o encerramento súbito do mercado, afugentando potenciais compradores que poderiam inverter o pânico das vendas. Enquanto os apoiantes vêem os disjuntores como "cintos salva-vidas", os opositores vêem-nos como muros que impedem o salvamento e geram mais pânico: em vez de arrefecerem a situação, privariam os operadores das oportunidades de transferir riscos e interromperiam o processo de descoberta de preços (justamente as duas funções fundamentais dos mercados financeiros!).

Até à data, não existem provas definitivas de que os disjuntores sejam instrumentos eficazes ou ineficazes em períodos de elevada volatilidade dos preços. Esta falta de conhecimento parece dever-se principalmente ao facto de os movimentos extremos do mercado serem bastante raros. Nos Estados Unidos, depois de 1987, houve apenas dois casos de execução de um disjuntor em todo o mercado: em 27 de outubro de 1997 e em 6 de maio de 2010 (esta segunda vez por causa de "um flash crash" causado por negociação automatizada de alta frequência). Por conseguinte, é difícil encontrar uma amostra estatisticamente significativa de oscilações extremas de preços para análise.

Em comparação com os "circuit breakers", os limites de preços são um instrumento muito mais difundido para conter a volatilidade excessiva e a especulação. Introduzidos nos contratos de futuros sobre mercadorias nos EUA desde 1925, foram também adoptados nos contratos de futuros financeiros e estão, na verdade, presentes em mais mercados bolsistas do que os disjuntores, ainda que os seus intervalos percentuais variem muito de país para país. Assim, por exemplo, a Bélgica e o Luxemburgo adoptaram limites de preços dentro de 5%, a China dentro de 10%, a França, a Finlândia e Portugal dentro de 15%, a Tailândia dentro de 30% e, curiosamente, a Malásia dentro de - 30% (tendo apenas um limite de descida). O Japão representa uma exceção, com limites de preços que variam entre +/- 10 e +/60%. Assim, a investigação futura poderia centrar-se na eficácia dos limites de preços em diferentes bolsas de valores, implementando modelos comparativos sensatos.

No entanto, os disjuntores, os limites de preços e os amortecedores não são os únicos meios para conter a volatilidade excessiva e a especulação. Os impostos sobre as transacções e sobre as mais-valias são outros instrumentos viáveis.

3.4 A taxa Tobin em Itália

A introdução em Itália, em 2013, do Imposto sobre as Transacções Financeiras (ITF) - habitualmente designado por imposto Tobin[29] - constitui um caso de estudo interessante e ainda debatido sobre a questão de controlar a especulação.

A história da taxa Tobin é importante para compreender alguns dos inconvenientes da sua aplicação em Itália. James Tobin, economista e Prémio Nobel, inventou-a originalmente no início dos anos setenta. Em 1971, o Presidente Nixon tinha anunciado o fim da convertibilidade entre o dólar e o ouro, dando assim início a um regime de taxas flutuantes. Nessa altura, Tobin sugeriu a introdução de um imposto sobre as transacções para penalizar a especulação a curto prazo *nos mercados cambiais*. Por conseguinte, a extensão do imposto Tobin às transacções de acções, derivados e obrigações *não fazia parte* das intenções originais de Tobin.

A Suécia foi o primeiro país a adotar o imposto Tobin sobre acções e obrigações, em 1984, com uma taxa de 0,05%. Menos de dez anos depois, em 1992, o Governo sueco decidiu cancelar o imposto, devido à enorme redução das transacções financeiras e à

29 Nomeadamente, alguns jornais italianos baptizaram esta medida fiscal como "Imposto Robin dos Bosques", o que indica que foi entendida como um imposto cobrado aos ricos para ajudar os pobres.

saída de capitais sem precedentes. Para se ter uma ideia, "quase 60% do volume de transacções de as 11 acções suecas mais transaccionadas migraram para Londres durante a tentativa de aplicação da taxa Tobin na Suécia" (Baldwin) .[30]

Os opositores da introdução da taxa Tobin em Itália utilizaram exatamente este argumento contra a proposta de Mario Monti (na altura no cargo de primeiro-ministro) para a aplicar: alegaram que a introdução da taxa Tobin em Itália, quando muitos outros países não fizeram o mesmo, teria produzido um êxodo maciço de capitais de investimento. Apesar da oposição bastante feroz, a taxa Tobin foi aprovada na Lei de Estabilidade, Lei Financeira Italiana de 2013 (DL 228/2012, art. 1, c. 491-500). Em vigor desde 1 de março de 2013 - sendo o sujeito passivo do imposto o comprador - foi aplicado com as seguintes taxas 0,12% sobre as acções emitidas por empresas com mais de meio bilião de euros de capitalização (em 2014, 0,1%); 0,22% sobre as acções e outros instrumentos financeiros transaccionados em mercados de balcão/não regulamentados (em 2014, 0,2%); 0,02% sobre a negociação de alta frequência.

A reforma pretendia recolher dinheiro das transacções financeiras, para fazer face ao défice público demasiado elevado. No entanto, o objetivo previsto de arrecadar 1,2 mil milhões em 2013 com a taxa Tobin nunca foi atingido: o Estado arrecadou apenas 285 milhões em 2013.

Além disso, os efeitos do imposto sobre os volumes de transacções foram ainda mais dramáticos do que se esperava: os volumes médios diários de transacções de acções domiciliadas em Itália caíram para 2,8 mil milhões em março, em comparação com 4,6 mil milhões e 4,5 mil milhões em janeiro e fevereiro, respetivamente. Esta foi, de facto, a maior queda de volumes em qualquer grande bolsa europeia em 2013. A comparação com o ano anterior foi ainda mais preocupante. A redução dos volumes de transacções nos mercados não regulamentados ("*over the counter*"), onde mais de 85% dos investimentos provêm do estrangeiro, foi ainda mais acentuada, cerca de -77%.

---

30 Este dado provém de um briefing paper de Adam N.S.G. Baldwin, publicado pelo Adam Smith Institute, com o significativo título: "*A taxa Tobin: Razão ou traição? A Comparative Study of the Potential Effects of a UK Tobin Tax*". http://docplayer.net/15277808-The-tobin-tax-reason-or- treason.html

Este resultado confirmou o verdadeiro ponto fraco da reforma: A Itália - nessa altura - era um dos poucos países (juntamente com a França) com um imposto interno como o FFT, enquanto outros países (*em primeiro lugar*, o Reino Unido) se opunham fortemente à sua introdução. Consequentemente, tal como aconteceu anteriormente na Suécia, a Itália registou uma fuga maciça de capitais, especialmente de capitais de investimento estrangeiros.

Que eu saiba, a eficácia - ou melhor, a ineficácia da política - nunca foi posta em causa no que se refere especificamente ao objetivo de controlar a especulação. Na minha opinião, a taxa Tobin não é eficaz neste domínio, por uma razão específica. O sujeito passivo da taxa Tobin é, como já referi, o comprador de acções emitidas por empresas com uma capitalização superior a 500 milhões de euros. No entanto, o imposto não é cobrado a *cada* comprador, mas apenas ao comprador que mantém as acções para além do período intradiário. De facto, como qualquer pessoa pode aprender praticando a negociação intradiária em linha através de um simulador, os compradores pagam o imposto se - e só se - não venderem a mesma quantidade de acções compradas antes do encerramento da Bolsa de Milão. Caso contrário - se venderem a *mesma quantidade* de acções compradas durante o dia - não pagam.

Com esta estranha aplicação do imposto, uma grande parte das transacções intradiárias especulativas não é tributada. Tanto os especuladores institucionais como os de retalho efectuam centenas de transacções por dia, sobre o mesmo ativo e, muitas vezes, sobre o mesmo volume de cada ativo, apenas escalpelizando os spreads bid-ask, que teoricamente representam o valor do "tempo de espera" para uma troca imediata (O'Hara, 1992, p. 25). A taxa Tobin deixa estes especuladores hiperactivos substancialmente intocados. Em vez disso, os detentores de acções compradas há mais de um dia - frequentemente designados na gíria por "detentores de acções" - são fortemente atingidos e prejudicados por esta medida.

A taxa Tobin poderia ter sido uma medida eficaz para combater a especulação, se fosse imposta aos compradores que vendem activos *intradiários* . [31]De qualquer modo, o

---

31 Um outro passo nesta linha de investigação poderia ser perguntar como e em que medida a introdução da

êxodo de capitais não teria sido evitado, sendo a Itália um dos poucos países que o adoptaram: mas o imposto teria sido útil, pelo menos, para desencorajar as transacções a muito curto prazo (intradiário) e de alta frequência: precisamente o tipo de investimento em acções que é prejudicial para uma relação saudável entre os mercados financeiros e a economia real.

3.5. Auto-restrições relacionadas com os custos

Ao contrário das restrições institucionais, das quais acabo de mencionar dois casos especiais, as restrições relacionadas com os custos não se destinam *a* refrear a especulação; em vez disso, são restrições monetárias intrínsecas à prática da negociação. Resultam da estrutura das bolsas de valores e da necessidade de remunerar a própria possibilidade de transação. Assim, por exemplo, *as comissões* pagas aos corretores (aos bancos ou às organizações de negociação em linha) têm a função de remunerar quem tornou possível a troca, a pessoa física encarregada de "combinar" compradores e vendedores, o banco que actua como corretor ou, no caso das plataformas de negociação em linha, a agência (SIM) que fornece a conta de negociação em linha (frequentemente em regime administrado) e os alegados serviços de informação. Qualquer operador racional tem de considerar cuidadosamente as comissões na sua função de utilidade: podem ser descontadas de forma adequada, uma vez que *são conhecidas antecipadamente*.

As comissões são, evidentemente, uma espécie de taxa ou imposto sobre as transacções e, como tal, podem ser consideradas como *custos de transação* constitutivos[32] . A sua mera existência deveria desincentivar os especuladores a realizarem um número excessivo de transacções, limitando a sua atividade a um menor número de ordens (e, pelo menos, a médio prazo). No entanto, surpreendentemente, não é isso que acontece.

---

taxa Tobin em Itália alterou as estratégias de negociação intradiária dos investidores. A minha conjetura pessoal - que ainda carece de um teste empírico sistemático - é que os investidores intradiários que negoceiam grandes volumes preferem vender antes de a bolsa fechar às 17h30, em vez de manterem os activos e pagarem a taxa Tobin, desde que o preço de venda seja inferior a 1% do preço de compra.

32 Desde a contribuição fundamental de Harold Demsetz (1968), os economistas têm-se debruçado repetidamente sobre o problema dos custos de transação. Os outros nomes sempre mencionados em relação aos custos de transição são os de Ronald Coase e Oliver E. Williamson.

A principal razão é o facto de as comissões variarem muito, em termos de tipo e magnitude, de sistema de negociação para sistema de negociação, com consequências bastante interessantes. Assim, por exemplo, alguns bancos cobram aos seus clientes interessados na negociação de acções um montante fixo (25 euros ou mais) por cada transação, independentemente do volume de troca e do número de transacções anteriores. Em contrapartida, outros sistemas de negociação (por exemplo, a Direta Spa) oferecem aos seus clientes a possibilidade de escolherem entre uma comissão proporcional (1,9 -1,3 * 1000), uma comissão fixa (5 euros) ou uma comissão degressiva (que diminui proporcionalmente ao número de transacções efectuadas num mês). Alguns fornecedores de sistemas de negociação em linha até recompensam os seus clientes especialmente "activos" com comissões gratuitas, após a realização de um elevado número de transacções num determinado período de tempo.

Esta variedade tem efeitos relevantes, alguns dos quais podem ser considerados "perversos" em relação ao objetivo de controlar a especulação (que, repito, não é a função pretendida das comissões). Por um lado, o poder discricionário na determinação das comissões gera concorrência entre as instituições financeiras, que muitas vezes se envolvem numa "guerra de comissões" para oferecer aos seus clientes as melhores comissões e, eventualmente, para atrair novos clientes. Por outro lado, essa concorrência *reduz* drasticamente o poder de contenção dos custos de transação sobre a especulação: comissões realmente baixas ou digressivas promovem, em vez de restringir, a troca frenética e a curto prazo de activos.

No âmbito da família mais vasta dos custos de transação, os economistas incluem frequentemente *os custos* de pesquisa e *de informação*. Defendo que, em vez disso, seria melhor manter os dois tipos separados para fins analíticos, uma vez que os custos de informação raramente são quantificáveis e contabilizáveis (sofrem de "impacto da informação", como sugeriu Oliver Williamson). Nesta perspetiva, o problema teórico mais fascinante subjacente à noção de custos de informação é que a correlação entre a fiabilidade/validade da informação e o tempo despendido para a obter não é necessariamente positiva, o que torna ainda mais *racional* a opção dos especuladores de reduzir os custos de informação.

Este raciocínio abre caminho a uma investigação sociológica promissora sobre o comportamento real dos pequenos investidores nas plataformas de negociação em linha. Em primeiro lugar, se é verdade que os pequenos investidores activos nas plataformas de negociação em linha são racionais e, por conseguinte, preferem poupar nos custos de informação, como contrabalançam a ausência ou a parcialidade da informação em que podem confiar nas suas decisões de negociação? Quais são os efeitos - tanto a nível individual como agregado - da poupança nos custos de informação por parte dos pequenos investidores racionais? O que é que isso nos diz sobre os processos sociais em jogo na negociação em linha?

Se defendermos que os participantes no mercado são actores racionais dispostos a poupar nos custos de informação, então são de esperar dois comportamentos diferentes - cuja ocorrência real só pode ser testada empiricamente: os participantes no mercado rejeitam a preferência por decisões de negociação informadas e tomam decisões de negociação *desinformadas*; por exemplo, apostam na boa sorte, abrindo assim caminho para a irracionalidade vir nas asas da ignorância (ver capítulo seguinte); *ou,* apesar dos custos de informação, mantêm uma preferência por decisões de negociação informadas; consequentemente, envolvem-se num processo de imitação *social,* confiando e seguindo quem consideram mais bem informado.

No capítulo IV, resumo as conclusões de um estudo de caso empírico dedicado à negociação em linha de um conhecido ativo energético italiano, cujos resultados já foram publicados numa revista sociológica italiana (Corradi, 2015). De acordo com esse estudo, muitas evidências sugerem que a *segunda* alternativa é empiricamente verificada, ou seja, que os comerciantes retalhistas em linha têm preferência por decisões de investimento informadas *e, ao mesmo tempo,* por superar os custos de informação. Assim, imitam quem reconhecem como "provavelmente" mais bem informado do que eles.

3.6. Auto-restrição social

Como o próximo capítulo mostrará em pormenor, as influências e pressões sociais -

das quais a imitação é apenas uma possibilidade - têm um papel muito mais importante na bolsa do que os economistas, salvo raras excepções, têm reconhecido até agora. No que respeita à autocontenção face ao oportunismo e aos excessos especulativos, Max Weber foi o primeiro sociólogo a sugerir a existência de um código moral que rege e salvaguarda a sociedade de comerciantes, fazendo dela uma "aristocracia do dinheiro".

No já citado ensaio *Die Borse* (1894), Weber compara as maiores bolsas britânicas e americanas com as francesas e alemãs. O resultado mais relevante do seu estudo comparativo é a "descoberta" de uma estrutura social peculiar subjacente às bolsas de valores inglesas: estas têm, nas palavras do próprio Weber - "o carácter de clubes fechados de negociantes profissionais da bolsa" (p. 326).

Descrevendo estes "clubes fechados", observa que as bolsas de obrigações e de mercadorias estão separadas e muitas vezes divididas em bolsas especializadas, de tal forma que "cada uma se constitui como uma sociedade que se administra a si própria e que, em regra, *decide ela própria* quem aceita como membro" (ivi). As regras de acesso são muito restritivas e economicamente muito exigentes. Em primeiro lugar, os lugares individuais "são hereditários e custam somas muito elevadas; apenas aqueles que adquiriram um lugar e que são aceites na sociedade podem participar diretamente no comércio da bolsa" (p. 327). Em segundo lugar, a pertença à sociedade exige também um "depósito de segurança" significativo (a *Kaution*), para garantir o pagamento das dívidas. Assim, "a bolsa é clara e abertamente organizada como um *monopólio dos ricos*".

Este monopólio é comparado por Weber a uma guilda medieval: "os comerciantes profissionais têm o poder de fixar sozinhos as práticas comerciais que são seguidas - isto é, as condições sob as quais, em todos os casos, qualquer item de negócio é considerado como 'fechado' ou 'selado' na bolsa. O auto-estabelecimento de regras e de barreiras de entrada economicamente exigentes faz com que os comerciantes profissionais formem uma 'aristocracia do dinheiro'" (p. 327) em matéria de comércio nas bolsas.

A comparação subjacente que Weber tem em mente, como os sociólogos sabem, é a das seitas protestantes que estudou na América: severas nas suas regras de acesso - à Igreja pertence-se por nascimento, às seitas por escolha - e ainda mais severas no seu controlo do comportamento moral e económico dos membros. Pertencer a uma seita exige uma obediência constante às regras morais e um comportamento coerente com os predicados da seita. Por analogia, na bolsa de valores, mais do que os requisitos de acesso (como a hereditariedade do lugar na bolsa), a auto-restrição mais forte é o *código de honra* partilhado pelos membros da sociedade. De facto, como salienta Weber, é verdade que o primeiro requisito de acesso à sociedade de comerciantes é a existência de uma enorme riqueza: um requisito que Weber considera coerente com a sua afirmação de que "a bolsa *é* o monopólio dos ricos, e nada é mais insensato do que disfarçar este facto admitindo especuladores sem propriedade e, portanto, sem poder, e permitindo assim que os grandes detentores de capital desviem a responsabilidade de si próprios para os outros" (p. 334). Mas, imediatamente a seguir, Weber dá a entender as implicações *morais* de pertencer a uma aristocracia do dinheiro e as responsabilidades associadas a essa pertença. Na passagem citada abaixo, exprime o seu presságio para a formação, tanto na Alemanha como no mundo inglês (do seu tempo), "de uma classe de negociantes de bolsa que seria mais homogénea na sua formação preparatória, na sua educação prática e na sua posição - uma classe que estaria em condições de formar um 'tribunal' [auto-instituído] que poderia ter a energia necessária para educar eficazmente os negociantes e fazer as suas decisões. Os pronunciamentos de um tribunal composto pela miscelânea que constitui atualmente o nosso "público" nas bolsas nunca serão respeitados; *falta* a condição prévia para tal, *um "conceito de honra" unificado*. A minha opinião pessoal, que afirmo com todas as reservas (porque penso que as pessoas podem, com razão, questioná-la), é, portanto, que a honra e a honestidade são a força de qualquer organização social. Na nossa, e em todas as outras trocas, a força dominante é, de facto, a maior quantidade de dinheiro [a ganhar] e não pode ser de outra forma. Por isso, pode-se querer dar-lhe o campo de jogo, *simplesmente em termos de organização formal*, e tornar mais difícil a entrada nas bolsas, exigindo garantias monetárias mais fortes; não se reforçaria assim a posição dos grandes capitalistas, mas simplesmente se possibilitaria, pela primeira vez, um controlo e a emergência de uma visão unificada do que são ou não "práticas comerciais honrosas" nas bolsas. Aqueles que consideram os comerciantes da bolsa como um clube de conspiradores (...) abanarão a cabeça em sinal de incredulidade perante esta ideia. É preciso dizer a essas pessoas: não as conheceis [isto é, os comerciantes]. Trata-se de criar a possibilidade de pôr em jogo os elementos de indubitável honestidade ou honradez que este património, como todos os outros, tem em si; e pode discutir-se se uma organização das bolsas mais ao estilo da inglesa é um meio adequado para esse fim" (pp. 333334).

Esta passagem surpreendente levanta uma série de questões e considerações interessantes. Por exemplo, podemos interrogar-nos se Weber teria mudado a sua "opinião pessoal" depois dos escândalos escandalosos que surgiram em 2008 com as práticas sem restrições nas bolsas de valores americanas (e, em menor grau, britânicas): especialmente depois de todos termos assistido ao rebentamento da bolha especulativa imobiliária nos EUA, aos efeitos dramáticos de reacondicionamentos financeiros criativos de hipotecas subprime e aos alegados resgates de bancos de investimento "demasiado grandes para falir", com a notável exceção do Lehman Brothers (Sorkin 2009); de alguns dos membros da "aristocracia do dinheiro" terem arrumado as suas coisas e abandonado os seus escritórios, terminando abruptamente as suas carreiras; ao mesmo tempo, de leigos investidores desesperados abandonarem as suas casas recém-compradas, sobrecarregadas de dívidas. Ou, então, poder-se-ia perguntar se a sugestão de Weber continua atual nos dias de hoje, numa época em que o acesso à bolsa de valores empreendeu um processo de democratização sem precedentes em termos de velocidade e amplitude social, com massas de pequenos investidores a possuírem acções e obrigações. Uma época em que, só para citar um exemplo elucidativo, até o governo comunista chinês tem alimentado a corrida ao dinheiro fácil na bolsa de valores, fazendo publicidade através dos meios de comunicação social convidando os leigos aforradores a investir em activos financeiros chineses (sobre este ponto, ver capítulo V deste livro).

Para o presente trabalho, a questão mais pertinente é a de saber se ainda existem ou não condições estruturais para a auto-contenção social na sociedade dos comerciantes. Na parte final deste capítulo, procuro responder a esta questão em duas etapas. Em primeiro lugar, baseio-me no trabalho empírico de Abolafia em Wall Street, que apoia a visão de Weber; em seguida, considero as transformações mais recentes nas finanças electrónicas, com o extraordinário desenvolvimento das plataformas e dos SIM de negociação em linha, que apresentam caraterísticas estruturais radicalmente diferentes das que caracterizam os pregões físicos.

3.7. O Acordo da Árvore de Bottonwood

Ao estudar empiricamente o papel do oportunismo e da contenção em Wall Street, Abolafia (1996) pôde confirmar a existência do tipo de autocontenção social que Weber tinha detectado quase um século antes em Inglaterra. Segundo Abolafia, "os duzentos anos de história da Bolsa de Valores de Nova Iorque revelam um legado de esforços bem sucedidos de controlo *interno* por parte dos criadores de mercado. Tal como no mercado de futuros, o controlo aqui não se refere ao controlo do preço (...). Pelo contrário, o controlo refere-se a restrições auto-reguladoras como quem pode negociar, em que condições e quanto custará negociar" (p. 108). Descrevendo o tipo de regras formais e informais criadas pelos criadores de mercado, o autor recorda um facto muito interessante, que acaba por corroborar a tese de Weber: o pacto histórico - denominado Buttonwood Tree Agreement - assinado a 17 de maio de 1792 em 68 Wall Street por um pequeno grupo de corretores .[33]

O acordo com a Bottonwood Tree é um testemunho dos esforços internos de autocontenção planeados para excluir os leiloeiros da negociação diária; ao mesmo tempo, prova a existência de um compromisso de manter comissões fixas (a 0,25%) para evitar a concorrência entre corretores "infiltrados". As duas regras de controlo estabelecidas pelo pacto foram respeitadas durante 183 anos, "até que a pressão de várias agências do governo federal e uma mudança nas leis de valores mobiliários

---

33 "Nós, os subscritores, corretores de compra e venda de acções públicas, prometemos solenemente e comprometemo-nos mutuamente a não comprar ou vender a partir desta data, a qualquer pessoa, qualquer tipo de acções públicas, a uma taxa inferior a um quarto de um por cento de comissão sobre o valor das espécies, e a dar preferência uns aos outros nas nossas negociações" (relatado em Abolafia, 2001, pp. 108-109). A cópia original do documento encontra-se no Museum of American Finance (NY).

forçaram comissões negociadas e o início de um sistema de mercado nacional" (p. 109)[3]4.

É evidente que acordos como este foram possíveis e o seu respeito incentivado por algumas condições estruturais existentes na altura. Em primeiro lugar, os corretores eram poucos (os subscritores eram apenas 24!) e, em segundo lugar, conheciam-se pessoalmente, encontrando-se e trabalhando no mesmo pregão, um local físico. Em terceiro lugar, o seu conhecimento era reforçado por encontros e negócios contínuos: como num jogo repetido, tinham fortes incentivos para manter uma boa reputação.

Os pequenos agrupamentos, a proximidade física e *a repetição nas relações sociais* constituíram a base para que esse acordo fosse assinado e respeitado. De acordo com Saskia Sassen (2014), que curiosamente tenta explicar por que razão a finança global precisa de centros financeiros físicos (como Wall Street, Piazza Affari, Bolsa de Valores de Londres, Frankfurt Borse...), estas condições têm importantes vantagens em termos de informação para os iniciados e, consequentemente, não podem ser facilmente substituídas em nome de uma completa deslocalização da negociação.

No entanto, se compararmos essas condições estruturais com as que efetivamente caracterizam o comércio em linha, verificamos facilmente que já não se mantêm. Em vez disso, outras caraterísticas definem o ambiente social em que os comerciantes em linha se "encontram" virtualmente e efectuam transacções em plataformas virtuais. Uma análise mais aprofundada destas caraterísticas estruturais abre caminho a novas e exigentes vias de investigação empírica.

3.8. A revolução do comércio em linha

A história da evolução das finanças digitais é extremamente fascinante e, tanto quanto sei, ainda não mereceu a devida atenção por parte dos sociólogos económicos.

As finanças digitais são, na verdade, um termo muito lato utilizado para incluir qualquer tipo de serviço ou produto financeiro eletrónico e "a sua existência é largamente anterior à versão comercial da Internet" (Banks 2001, pp. 22 e ss.). Antes do boom da Internet, na década de 1980, os mecanismos POS (point of sale) e ATM (automatic teller machines) já eram utilizados pelos clientes para levantar dinheiro, transferir saldos e depositar fundos. As operações bancárias em linha baseadas em PC começaram no final[34] da década de 1970 com serviços proprietários de ligação telefónica. Mediante o pagamento de uma taxa mensal, bancos como o Citibank (Diret Access) e o Chase (Spectrum) disponibilizavam aos seus clientes serviços bancários básicos para PC em casa.

No entanto, a era do e-finance[3]5 viabilizado pela Internet só começou em meados da década de 1990, num cenário bastante estranho, uma cervejaria de Nova Iorque. O fundador da cervejaria Spring Street Brewery, Andrew Klein, teve a ideia de abrir o capital da sua empresa através da primeira IPO (Initial Public Offering) através da Internet. Assim, pela primeira vez, em 1995, mais de 3500 investidores da Internet compraram acções de uma empresa através da Web (numa oferta de 1,6 milhões de dólares). A SEC, preocupada com a novidade, investigou tanto a IPO como a negociação secundária das acções da cervejeira, enquanto a Klein suspendeu a negociação secundária que tinha lugar através de um quadro de avisos na Internet conhecido como Wit-trade (hoje em dia, inclui um banco de investimento em linha, o Wit Soundview). A SEC emitiu finalmente uma carta de não-ação, abrindo caminho para o início de uma nova era de finanças electrónicas.

A partir daí, foram criados muitos outros empreendimentos, em vários casos através da migração de anteriores corretores de desconto (como E*trade, Schwab, Datek) para a Internet. Todos eles se transformaram em plataformas de informação e execução de serviços completos e puros - "ou seja, uma plataforma que existe apenas num estado informatizado, sem escritórios ou infra-estruturas adicionais de 'tijolo e argamassa'" (Banks, p. 25). A concorrência em matéria de taxas de acesso, comissões e serviços de informação não tardou.

A nível macroeconómico, o advento das tecnologias de e-finanças "promoveu a

34 O "especialista", um criador de mercado especializado na negociação de uma única ação, não surgiu na NYSE até à década de 1870, mas foi a figura predominante no pregão desde a década de 1930 até à década de 1960. Os especialistas, ao contrário dos banqueiros, não sofreram o seu poder de controlo com a regulamentação dos valores mobiliários do New Deal.

evolução de longa data do sector dos serviços financeiros, que passou de um sector dominado por intermediários financeiros para um sector dominado por mercados de capitais e instituições financeiras que detêm títulos *negociáveis* como activos" (Allen et al. 2001, p. 10). Simultaneamente, "as tecnologias de e-finance reduzem a informação assimétrica porque diminuem os custos de comunicação, computação e processamento de dados, permitindo assim que compradores e vendedores de activos financeiros tenham um acesso mais equitativo à informação" (ivi, p. 11).

As plataformas de negociação eletrónica transmitem normalmente preços de mercado ao vivo, com base nos quais os utilizadores podem negociar, e podem fornecer ferramentas de negociação adicionais, tais como pacotes de gráficos, feeds de notícias e funções de gestão de contas. Algumas plataformas foram especificamente concebidas para permitir que os particulares tenham acesso a mercados financeiros que anteriormente só podiam ser acedidos por empresas de negociação especializadas, tais como[35] , que permitem a negociação com margem em forex (para negociação de divisas) e derivados, tais como "contratos por diferença" (CFD). Podem também ser concebidos para negociar automaticamente estratégias específicas baseadas na análise técnica ou para efetuar negociações de alta frequência.

Atualmente, é quase impossível saber exatamente quantas plataformas deste tipo existem em todo o mundo. Em Itália, os maiores bancos nacionais fornecem serviços bancários pela Internet com serviços de negociação completos; existem então empresas de corretagem financeira (SIM) - como a Direta (ver abaixo); além disso, existem pelo menos dez empresas de corretagem internacionais bem conhecidas que fornecem plataformas de negociação *em italiano*, com uma variedade de interfaces, pacotes de análise técnica e serviços (PLUS 500, Ironfx, 24Option, OptionsXO, Etoro, AVA FX...). Apesar das diferenças e do grau de competitividade estabelecido pelas comissões, as suas plataformas partilham algumas caraterísticas básicas comuns. São todas compatíveis com os principais sistemas operativos (Windows, Mac, Linux) e, em muitos casos, não requerem a instalação de qualquer software adicional. São gratuitas

35 Na sua "introduction to E-finance", Allen, McAndrews e Strahan (2001) definem o e-finance como "a prestação de serviços e mercados financeiros utilizando a comunicação e a computação electrónicas (ivi, p. 2).

(ou, pelo menos, muito baratas); as comissões podem ser gratuitas, fixas ou degressivas. Oferecem os preços dos activos na modalidade "push tick by tick", permitem a colocação, a modificação e o cancelamento imediatos de ordens de venda/compra, de ordens limitadas e "a mercado", com opções de stop loss e take profit. Por fim, a maioria permite ordens de compra com "margem" e venda a descoberto (ordens de transação não totalmente "cobertas" pelo capital detido), permitindo também várias alavancagens (até 400:1). A última fronteira é a possibilidade de aceder às plataformas de negociação também a partir de Iphones e Ipad.

Em Itália, o pioneiro do comércio em linha é a SIM Direta, estabelecida em Turim. A Direta começou a funcionar em março de 1996, utilizando um sistema proprietário baseado num modem não ligado à Internet. Atualmente, permite que investidores privados que abram uma conta (por cerca de 150 euros como taxa de entrada) comprem e vendam muitos tipos diferentes de instrumentos financeiros eletronicamente, em vários mercados[36] , diretamente a partir dos seus computadores, com ordens imediatamente executadas. Disponibiliza uma série de diferentes plataformas de negociação que são inteiramente proprietárias e constantemente melhoradas. A plataforma "Darwin" permite que os clientes trabalhem com muitas ferramentas diferentes num único ambiente de negociação. Tanto as ferramentas operacionais como as informativas podem ser deslocadas e agrupadas no ambiente de trabalho à vontade do cliente. O Visual Trader (VT) é o software de análise técnica fornecido gratuitamente pela SIM aos seus clientes. O "TouchTrader", por último, é a solução de negociação iOS proprietária, disponível na App Store: transforma um dispositivo iOS numa estação de negociação, que pode ligar-se aos mercados financeiros, permitindo a negociação a alta velocidade e a alimentação de dados de mercado. Os clientes de negociação da Direta cresceram rapidamente desde a sua fundação e, em janeiro de 1999, ultrapassaram o marco dos 1.000 clientes e, no mesmo ano, em setembro, os

36 Para além da Bolsa de Valores de Milão (acções italianas, derivados e títulos de rendimento fixo), a Direta permite a negociação no MTF LMAX Exchange, orientado para as ordens FOREX, na Bolsa de Valores dos EUA (NYSE, NASDAQ e AMEX), no Mercado de Futuros (CME, Eurex, Liffe), no XETRA de Frankfurt e no BATS Chi-X Europe pan-europeu.

3.000 clientes. Em 2001, a empresa tinha 10.100 clientes de negociação e, no final de 2010, ultrapassou os 17.000 clientes. Mais de 200 bancos locais têm um acordo com a Direta para fornecer serviços relacionados com a negociação em linha aos seus próprios clientes. É evidente que os italianos não são os únicos utilizadores, uma vez que a Direta também disponibiliza um serviço de assistência dedicado aos clientes alemães, franceses, ingleses e checos.

A observação e a prática diárias dos mercados financeiros através do Visual Trader da Direta, desde o início de 2011, dotaram-me do tipo de competências e conhecimentos que se pode esperar obter de uma *observação participante* a médio-longo prazo. A essa experiência, que foi intelectualmente desafiante e fascinante, devo alguns dos conhecimentos sociológicos preliminares que vou agora expor analiticamente.

As plataformas de negociação em linha estabelecem um ambiente social totalmente diferente do ambiente estudado por Max Weber e também por Abolafia. A principal diferença prende-se com o *número* de actores que cada trader/corretor encontra diariamente numa plataforma de negociação, ou seja, os milhões de participantes activos em cada mercado financeiro através das milhares de plataformas de negociação existentes em todo o mundo, todas apresentando os mesmos dados em tempo real. Como se pode verificar, se considerarmos apenas o número de corretores institucionais, estamos a milhas de distância do pequeno grupo de corretores (24) subscritores do Bottonwood Tree Agreement!

Desta principal transformação estrutural - que pode ser designada por *democratização do acesso ao comércio* - decorrem as outras caraterísticas distintivas dos ambientes sociais do comércio em linha. Por um lado, os operadores não se encontram fisicamente em nenhum local, mas num *espaço virtual*, onde os actores não se *vêem* cara a cara; por outro lado, a sua identidade está coberta por um *anonimato* formal: isto é, as ordens de compra e venda contadas e apresentadas na carteira de negociação em linha não podem ser atribuídas a nenhum participante específico no mercado. De facto, apenas é mostrado o número de ordens introduzidas, juntamente com os volumes de propostas de compra e venda (uma caraterística muito importante a que voltarei mais adiante neste livro).

A virtualidade e *o anonimato* "destroem" as virtudes da proximidade social que Weber e Abolafia consideraram tão importantes para a autocontenção no oportunismo e na especulação: a possibilidade de associação e de acordo sobre regras de autocontenção é estruturalmente anulada. A concorrência entre as sociedades de corretagem financeira para atrair os pequenos investidores é total; estes últimos encontram-se aparentemente *isolados e solitários* no anonimato de um espaço virtual, confrontados com um mercado sem rosto e trocando acções com compradores e vendedores sem rosto.

Isto não significa, de qualquer modo, que os operadores activos nas plataformas em linha trabalhem num ambiente atomístico, em que as preferências individuais estejam isentas de influência social, correção e distorção; em que cada operador siga estritamente a sua própria estratégia pré-determinada, independentemente dos movimentos dos outros: pelo contrário, o oposto é verdadeiro, como o próximo capítulo, dedicado às pressões sociais, ao comportamento de grupo e ao papel da informação na negociação em linha, tentará mostrar.

CAPÍTULO IV

Bolhas especulativas: Irracionalidade e Ignorância

4.1. Sobre os ombros dos gigantes

Por muito que se acredite na teoria dos mercados eficientes (cap. I), por muito que se acredite na capacidade das restrições institucionais para conter a especulação (cap. II), não há como negar que os excessos e as bolhas especulativas existem desde o nascimento da bolsa de valores. A partir da primeira bolha especulativa, a chamada "mania das tulipas" do século XVII (para um relato brilhante ver Mackay, 1841 e Galbraith, 1994), milhares de pessoas perderam fortunas em bolhas especulativas (até Isaac Newton ficou "preso" na bolha do Mar do Sul do século XVIII!) Desde então, a acumulação de provas tem demonstrado, sem margem para dúvidas, que as bolhas afectaram dramaticamente uma variedade de mercados, sectores financeiros e activos, sem distinção de país[37] . A história de manias, pânicos e loucuras na bolsa parece, aliás, estar longe de terminar: a mais recente é a bolha imobiliária a que assistimos recentemente no mercado chinês, seguida imediatamente pela bolha especulativa na bolsa, cujo rebentamento ainda hoje afecta os mercados.

A sociologia pode acrescentar algo ao estudo das bolhas especulativas, especialmente se começar a basear-se de forma proveitosa nos muitos resultados empíricos das finanças comportamentais e da psicologia cognitiva: pode verificar sistematicamente as pressões, influências e interações sociais - a que chamo brevemente "espíritos sociais" - que estão em jogo nos processos de contágio financeiro (sobre este tópico ver conclusões). Este objetivo deve ser alcançado, no futuro, tanto teórica como empiricamente; em qualquer caso, de forma sistemática e com intenções complementares em relação às distorções racionais e emocionais já descobertas, estudadas pelas finanças comportamentais e emocionais, bem como pela psicologia cognitiva.

---

37 Já foram escritos por economistas e historiadores económicos muitos estudos históricos, de qualidade e pormenorizados, sobre este tema (para além de Mackay e Galbraith, ver também Kindleberger, 1978), pelo que uma nova análise das bolhas especulativas na história seria supérflua e necessariamente incompleta.

Seminal neste campo de estudo é o trabalho de economistas "heterodoxos" como George Akerlof e Robert Shiller (2009), que, em contraste com a interpretação de bolhas racionais partilhada pela economia neoclássica, propuseram, em vez disso, uma análise do papel da irracionalidade, das emoções e dos instintos na economia e em estranhezas financeiras como as bolhas especulativas. Em particular, sugerem que a confiança, a justiça, a corrupção, a "ilusão do dinheiro" e a tendência para produzir histórias - a que chamam "espíritos animais" - desempenham um papel fundamental em alguns mecanismos de retroação que ligam a economia e o mercado financeiro; por conseguinte, afirmam os autores, devem ser tidos em conta pelos legisladores do mercado na reformulação da regulamentação financeira. Alguns dos seus "espíritos animais", sobre os quais proponho uma breve - e de certa forma crítica - discussão neste capítulo (§ 4.2), devem-se a erros intuitivos sistemáticos; como tal, são produtos da irracionalidade. Outros espíritos animais devem-se, pelo contrário, à ignorância e ao fenómeno bem conhecido da informação assimétrica; finalmente, outros devem-se sobretudo às emoções (uma distinção que considero que vale a pena manter, pelo menos a nível analítico).

O estudo dos juízos intuitivos - e muitas vezes erróneos - em situações de incerteza foi notoriamente iniciado pelos psicólogos cognitivos Kahneman, Slovic e Tversky, especialmente com o seu trabalho clássico dedicado às heurísticas e enviesamentos cognitivos (1974; 1982). Na segunda parte do capítulo, revisito as estratégias cognitivas empiricamente descobertas aplicadas pelas pessoas para lidar com a incerteza e aplico as heurísticas da "representatividade", "disponibilidade" e "ancoragem" a decisões de negociação em linha extemporâneas.

Por último, descrevo uma "nova" heurística que encontrei empiricamente através da observação contínua e sistemática de livros de negociação em linha: uma heurística que sublinha claramente o papel da interação social e a presença de um "espírito social" particular no ambiente aparentemente solipsista da negociação em linha.

4.2. Espíritos animais e sociais

A noção de "animal spirits" é uma herança keynesiana. Keynes utilizou-a originalmente, como recordei na introdução a este livro, na sua Teoria Geral (1936), para abordar os impulsos instintivos ("o impulso espontâneo para a ação") que impulsionam os mercados financeiros. Na opinião de Keynes, os espíritos animais ajudam a explicar por que razão as decisões económicas e financeiras são *e não*, como a teoria económica racional ditaria, "o resultado de uma média ponderada de benefícios quantitativos multiplicados por probabilidades quantitativas".

Akerlof e Shiller (2009) revisitam este conceito e aplicam-no a alguns fenómenos económicos e a excessos de volatilidade nos mercados financeiros, com o objetivo de acrescentar "ingredientes" fundamentais à macroeconomia. Apresentando a noção de "animal spirits", escrevem:

"no uso original do termo, na sua forma latina antiga e medieval *spiritus animalis*, a palavra animal significa 'da mente' ou 'animador'. Refere-se a uma energia mental básica e a uma força vital. Mas, na economia moderna, "espírito animal" adquiriu um significado algo diferente; é agora um termo económico que se refere a um elemento inquieto e inconsistente da economia. Refere-se à nossa relação peculiar com a ambiguidade ou a incerteza. Por vezes ficamos paralisados por ela. Outras vezes, porém, refresca-nos e dá-nos energia, superando os nossos medos e indecisões" (2009, pp. 3-4).

Os autores, com base numa variedade de exemplos empíricos, destacam cinco espíritos animais distintos: a confiança, a lealdade, a corrupção, a ilusão do dinheiro e a tendência para construir narrativas/estórias. Todos eles estão supostamente em jogo nas bolsas de valores. No entanto, alguns espíritos animais têm um impacto mais forte do que outros nas decisões financeiras e, como tal, merecem comentários específicos.

Confiança

A confiança é o mais fundamental dos espíritos animais. Na economia tradicional, a "confiança" é entendida como sinónimo de "sentimento" ou de previsão sobre o futuro[38] , de tal forma que "uma previsão confiante é aquela que projecta o futuro como

38 Este é o significado utilizado na construção de índices de confiança, como o bem conhecido Índice de Sentimento do Consumidor de Michigan.

cor-de-rosa; uma previsão não confiante projecta o futuro como sombrio" (Akerlof e Shiller, 2009, p. 12). De acordo com James Coleman (1990), a confiança é uma aposta racional e consciente, baseada num cálculo de payoffs e riscos esperados.

Seguindo uma tradição sociológica diferente[39] , Akerlof e Shiller optam antes por sublinhar que "o próprio significado da confiança é o facto de ir *para além do racional*". Na sua opinião, "a pessoa que confia verdadeiramente descarta ou dá menos importância a certas informações. Pode nem sequer processar racionalmente a informação que lhe é disponibilizada; mesmo que a tenha *processado* racionalmente, pode ainda assim não *agir de* forma racional. Ela age de acordo com o que ela *confia* ser verdade" (p. 12).

"Strait from the gut" é a fórmula coloquial que talvez capte melhor este significado de confiança como o "mais crucial" dos espíritos animais. Os decisores "sentem" - instintivamente - que uma decisão está certa (ou errada), independentemente da sua capacidade (ou incapacidade) de a explicar em termos racionais. Diga-se de passagem, um significado que lembra o *resíduo* Paretiano, o que resta depois de riscadas as "derivações"/"racionalizações" (e cuja relevância para a ação não depende da disponibilidade de possíveis justificações racionais).

Através da confiança, tanto a irracionalidade como a ignorância encontram uma brecha para entrar nas decisões e, eventualmente, distorcê-las. A irracionalidade surge quando a informação disponível é descartada ou descontada (como no fenómeno bem estudado da dissonância cognitiva); a ignorância, quando a confiança é um substituto funcional para a falta de informação que pode eventualmente ser encontrada (com alguns custos), ou que não está de todo disponível (neste segundo caso, deveríamos antes falar de "fé", como na aposta de Pascal sobre a existência de Deus).

Em todo o caso, a confiança pode revelar-se certa ou errada - empiricamente. Pode dar lugar a fenómenos de excesso de confiança ou, em alternativa, a excessos de

39 Por exemplo, o conceito de confiança elaborado por Simmel, como uma crença irreflectida. Note-se que este significado de confiança está mais próximo do significado etimológico (cf. o latim *fido/credo*). Para um levantamento dos vários significados de confiança e confidência, ver também Corradi (2012).

desconfiança, que são normalmente amplificados por ciclos de feedback que se auto-reforçam. O excesso de confiança, por exemplo, ocorre quando os investidores pensam que os aumentos dos preços dos activos não vão parar com o tempo e, consequentemente, agem, comprando mais lotes do mesmo ativo: a própria ação de os comprar a preços crescentes incentiva outros investidores a comprá-los, na expetativa de novos retornos (presumivelmente intermináveis).

Os mecanismos de amplificação da confiança/desconfiança foram claramente identificados, no que respeita aos mercados financeiros, pelo próprio Shiller, que designou esses ciclos de feedback de excesso de confiança por "*exuberâncias irracionais*" (2000).

Keynes, no entanto, já reconhecia que a confiança é, em si mesma, um fator de auto-reforço da economia e do mercado financeiro. Na Teoria Geral, de facto, apresentou o "multiplicador de confiança", que foi utilizado para explicar os benefícios decorrentes de um aumento da despesa do Estado sobre a propensão marginal a consumir, bem como para resolver o "mistério" da Grande Depressão (para uma apresentação e discussão clara deste conceito, ver Preda e Cetina, 2014).

A ilusão do dinheiro

A "ilusão monetária" é o espírito animal menos facilmente aceite pelos economistas, porque contrasta com a chamada "teoria da taxa natural", que é o pilar da política macroeconómica. Segundo Akerlof e Shiller, a ilusão monetária ocorre quando as decisões económicas e financeiras são influenciadas pelos montantes nominais das moedas e não pelos seus custos ou preços relativos. Se as pessoas fossem "racionais" no sentido pretendido pelos economistas neoclássicos, as suas decisões seriam influenciadas pelo que poderiam comprar ou vender no mercado com esses montantes nominais (ou seja, no caso da compra, pelo "poder de compra" relativo). Mas não é isso que acontece na realidade, porque as pessoas geralmente *não têm consciência da inflação dos preços* (e do desvio dos preços).

Entre as muitas evidências da ilusão monetária, encontramos a resistência a cortes nos salários monetários (a chamada "rigidez dos salários monetários para baixo") e a fração extremamente pequena de contratos salariais que incluem indexação. Em finanças, a ilusão monetária é especialmente prejudicial para os investidores a longo prazo em situações de inflação crescente, como no caso apresentado por Irving Fisher no seu popular livro de 1928, *The Money Illusion*, em que uma senhora que herdou 50 000 dólares em obrigações vinte anos antes se vê "mais pobre" (com poder de compra diminuído), apesar de possuir a mesma quantidade de dólares nominais, depois de os preços terem quase quadruplicado.

De um ponto de vista cognitivo, a ilusão monetária assenta substancialmente na falácia de atribuir maior relevância aos valores absolutos do que aos relativos. Nas decisões de negociação em linha, os investidores ingénuos podem incorrer neste erro ao avaliarem os ganhos e as perdas em termos absolutos em vez de o fazerem numa base percentual. Assim, por exemplo, pode ser tentador vender um ativo quando o retorno em termos absolutos é satisfatório, sem calcular o retorno em termos relativos do capital investido (ganhando assim percentagens que na realidade não são satisfatórias). Pela mesma razão, pode cair-se na armadilha de evitar colocar stoploss em níveis percentuais razoáveis por receio de perder montantes absolutos que são considerados demasiado elevados.

Contar histórias

Por último, o espírito animal correspondente à tendência humana para pensar em termos de narrativas chama a nossa atenção para o papel por vezes distorcido das narrativas em matéria económica e financeira.

Infelizmente, Akerlof e Shiller abstêm-se de explorar analiticamente esta tendência, o que deverá ser feito no futuro no âmbito de uma sociologia financeira do conhecimento e da comunicação atenta ao papel dos espíritos animais/sociais. Aqui, limito-me a apontar algumas situações específicas em que as narrativas *podem* revelar-se distorcivas para decisões de investimento racionais.

Em primeiro lugar, a atividade de reconstruir e/ou explicar factos é passível de uma série de falácias argumentativas, que são formas de raciocínio que parecem sólidas e corretas, mas não o são. Assim, por exemplo, a narração de histórias - especialmente a que é feita pelos meios de comunicação generalistas - pode ser enganadora quando implica a falácia conhecida como *post hoc propter hoc,* que troca a acusação temporal pela causalidade; ou quando contém a *falácia da circularidade*, ou seja, um ciclo lógico vicioso entre premissas e conclusões. Além disso, as histórias podem ser complicadas quando, conscientemente ou não, tentam incluir todas as ocorrências numa história coerente, com pouca preocupação pela relevância real de factos específicos (esta é uma variedade da *falácia da relevância*). Além disso, a procura de coerência pode levar os contadores de histórias a incorrer na falácia *da pertinência*, que considera pertinentes regras explicativas que, na realidade, não se encaixam. Por outro lado, a narração de histórias pode ser afetada pela falácia *da omissão*, quando dados que são efetivamente relevantes são intencionalmente ou não ignorados e deixados de fora.

Outro exemplo fascinante relacionado com a narração de histórias é o seu papel peculiar em episódios de contágio financeiro. Como Berger já argumentou (Berger, 2013), o "boca a boca" - e as alegadas narrativas - desempenham um papel crucial nos esquemas Ponzi, que são embustes em que a comunicação social desempenha um papel fundamental (ver capítulo II). Para além disso, a narração de sucessos financeiros extraordinários ou de falências, tanto presencialmente como através da mediação de histórias biográficas exemplares, pode ter um efeito publicitário, positivo ou negativo, nas decisões financeiras. Isto leva-nos diretamente a destacar um "espírito animal" relacionado que, curiosamente, Akerlof e Shiller não mencionam: o *pastoreio*.

Comportamento de pastoreio

O pastoreio é o instinto animal de formar grupos (manadas) em que *a conformidade* com o comportamento do grupo, como os hábitos de vida e de alimentação, prevalece sobre a autonomia individual de decisão e de ação. A literatura sobre o comportamento de pastoreio é notória em muitas disciplinas científicas. Assim, por exemplo, a conformidade com comportamentos comuns foi originalmente explicada em etologia pela "teoria do rebanho egoísta", como uma tentativa de reduzir o risco de predação. Assim, de acordo com esta teoria, os peixes pequenos vivem em grandes manadas porque isso aumenta as suas hipóteses de sobrevivência contra os ataques dos seus predadores naturais, como os tubarões e as focas.

Qualquer que seja a função do pastoreio, o próprio conceito de pastoreio implica a *imitação dos membros* (os peixes pequenos nadam juntos, fazendo as mesmas oscilações ao mesmo tempo), o que pode ocorrer sob a orientação do líder do grupo (os lemingues, por exemplo, deslocam-se atrás do seu líder, incessantemente em direção às falésias até morrerem).

Nas ciências sociais, especialmente na psicologia social, na antropologia e na sociologia, o comportamento de rebanho tem sido objeto de um estudo aprofundado. O principal resultado da sua aplicação (de facto bastante preocupante) a grupos humanos foi a chamada teoria do "contágio do pensamento" (Lynch, 1996). Entre os apoiantes desta teoria encontra-se também o antropólogo Dan Sperber, que, além disso, importou as descobertas mais significativas da epidemiologia médica para o estudo da transmissão social de ideias e representações. Centrou-se na taxa de transmissão de crenças e opiniões, na taxa de recetividade e na duração. No entanto, há ainda muito a fazer neste caminho de investigação, dadas as dificuldades de aplicação dos modelos epidemiológicos aos comportamentos sociais e financeiros (Corradi, 2015).

Em economia, a conformidade com o comportamento comum tem sido enquadrada como racional no âmbito da chamada *teoria da "cascata de informação"*, que se aplica a condições ideais e a condições de incerteza. Na condição ideal/normativa, em que ninguém retém informação privilegiada e toda a informação possível é disponibilizada a todo o grupo (situação que nos mercados financeiros corresponde à hipótese forte da eficiência do mercado, ver capítulo I), seguir a cascata de informação é uma estratégia individual racional. Se os indivíduos a aplicarem, é pouco provável que uma única decisão supere a decisão comum (por exemplo, a tendência do mercado). Na tomada de decisão sequencial, em que os sujeitos são informados sobre as decisões finais tomadas pelos seus antecessores, os sujeitos tendem a imitar as escolhas anteriores, elaborando a probabilidade de sucesso do fluxo de informação disponível. Isto leva a uma convergência na mesma escolha, com os indivíduos a actuarem independentemente dos seus próprios sinais de informação privada (De Bondt &

Forbes, 1999). Seguir uma cascata de informação, consequentemente, significa que os sujeitos descartam inconscientemente a sua própria informação a favor de deduções baseadas nas decisões de outras pessoas (anteriores) (Pretcher, 2001). Em condições de incerteza - de informação limitada e assimétrica - o comportamento de manada decorre de inferências racionais, desde que a imitação se baseie na abordagem bayesiana, como bem explicou Banerjee (1992). De facto, as previsões sobre o acontecimento são feitas sequencialmente e as primeiras decisões da cadeia revelam os sinais privados altamente informativos. Pelo contrário, a cascata de informação introduz enviesamentos e irracionalidade nas decisões quando: 1) um ou poucos sujeitos retêm informação privilegiada por efeito de desfasamentos temporais ou de falhas na transmissão; 2) a informação é incompleta, pouco sólida ou falsa; 3) existe um fenómeno designado por "viscosidade da recetividade". Por vezes, os desvios da cascata de informação são classificados como "excesso de confiança" (na própria informação privada).

A teoria da cascata de informação - especialmente as suas implicações em situações de incerteza - sugere que os operadores económicos podem seguir as decisões (anteriores) de outros, ignorando a sua própria informação privada. Como mostrarei no último parágrafo do presente capítulo, isto é empiricamente verdade no que respeita às decisões de negociação em linha em algumas condições específicas.

No entanto, uma sociologia das finanças deve também ser capaz de clarificar a heurística cognitiva e o processo de interação social que estão realmente em jogo neste comportamento de rebanho. Por esta razão, chegou o momento de nos voltarmos para a literatura sobre heurísticas e enviesamentos e de acrescentar às suas descobertas fascinantes.

4.3. Heurísticas e preconceitos

As heurísticas são "regras de ouro" para reduzir a complexidade em situações de incerteza. A sua primeira apresentação sistemática apareceu num conhecido artigo de Amos Tversky e Daniel Kahneman sobre "Ciência", em 1974: um ensaio republicado várias vezes, também como introdução ao volume coletivo *Judgment under*

Uncertainty (1982, eds. Kahneman, Slovic e Tversky). Logo nesse artigo, os autores apresentaram uma definição de heurística a partir das suas funções, incluindo os seus eventuais inconvenientes, com estas palavras:

"... as pessoas confiam num número limitado de princípios heurísticos que reduzem as tarefas complexas de avaliação de probabilidades e de previsão de valores a operações de julgamento mais simples. Em geral, estas heurísticas são bastante úteis, mas por vezes conduzem a erros graves e sistemáticos" (1982, p. 3).

A análise desta afirmação já fornece informações interessantes no domínio da heurística e levanta algumas questões desafiantes.

Em primeiro lugar, o número de heurísticas é limitado: não são infinitas, mas podem ser selecionadas e classificadas. Em segundo lugar, são apresentadas como "princípios": na realidade, são "atalhos" para encontrar soluções na incerteza, tendo em conta os limites da nossa racionalidade. A necessidade de heurísticas decorre, de facto, do reconhecimento de que o ideal de um decisor totalmente racional, com toda a informação, conhecimentos informáticos sofisticados e sempre bem sucedido na otimização da sua função de utilidade é um modelo normativo de comportamento económico/financeiro, dramaticamente distante da realidade.

Outra caraterística interessante das heurísticas, derivada da afirmação acima citada, é a especificação adicional da sua função: as heurísticas são utilizadas para prever probabilidades de ocorrência. A sua principal aplicação, por outras palavras, é *preditiva*, não necessariamente em termos numéricos (classificar um determinado item "x" como pertencente a uma determinada classe "X" é também uma previsão em situações de incerteza).

No entanto, a caraterística crucial da heurística é o facto de "por vezes conduzir a erros sistemáticos graves e sistemáticos", ou seja, *a enviesamentos*. Tversky e Kahneman identificam, para cada heurística - representatividade, ancoragem e disponibilidade - enviesamentos específicos (ver abaixo). Ao mesmo tempo, porém, sugerem de forma interessante que a aplicação de heurísticas pode ser "racional", mesmo quando conduzem a erros e enganos, porque *reduzem os custos da informação* (ver capítulo anterior).

Um estudo sistemático da heurística promete ser útil para explorar teórica e empiricamente as decisões de negociação em linha extemporâneas[40] , por algumas razões. Por um lado, as heurísticas são obviamente necessárias nas decisões de negociação porque nos mercados financeiros a incerteza, para além do risco, domina constantemente o cenário, também através do fenómeno bem conhecido da informação assimétrica entre os participantes no mercado. Na previsão dos níveis de preços, os operadores em linha sofrem os inconvenientes da incerteza e da informação assimétrica (talvez até mais do que os operadores activos em pregões físicos, pela ausência de informação derivada da proximidade física, ver Sassen, 2014). Por outro lado, o facto de as heurísticas produzirem erros *sistemáticos*, apesar de serem distorções *individuais* da racionalidade, pode ter impacto nos resultados agregados .[41]

Por último, as heurísticas partilham algumas caraterísticas interessantes com as falácias argumentativas, uma "caixa de ferramentas" concetual proveniente do domínio da argumentação e da análise do discurso. Sendo recorrentes no raciocínio argumentativo, as falácias argumentativas são de alguma forma semelhantes aos preconceitos derivados da heurística. Além disso, tal como as heurísticas, as falácias argumentativas são limitadas em número (apesar de serem mais numerosas) e podem ser agrupadas em classes. Uma delas, a subclasse denominada "falácias lógicas", remonta ao trabalho pioneiro de Aristóteles, que se concentrou notoriamente em silogismos verdadeiros e falsos. Com o tempo, o número de falácias aumentou exponencialmente, incluindo falácias relacionadas com o contexto comunicativo e outros elementos situacionais (para uma classificação clara das falácias, ver D'Agostini, 2010). Em todo o caso, a

40 Shiller (2001) já aplicou a heurística da representatividade aos mercados de acções. Segundo ele, esta heurística pode levar os investidores a pensar que identificam padrões nas hipóteses de preços nos mercados, como tendências de alta e de baixa, embora hipóteses de preços consecutivas idênticas sejam bastante raras. Assim, a heurística representativa pode conduzir a expectativas de investimento - geralmente pouco sólidas - de que os movimentos de preços passados se manterão no futuro, com a subsequente acumulação de activos. No caso de muitos investidores aplicarem a mesma heurística ao mesmo tempo, pode ocorrer um desvio sustentável dos preços em relação ao valor fundamental (provavelmente amplificado pela prática da análise técnica).

41 Só a investigação futura mostrará se as heurísticas são ou não pontes explicativas prometedoras entre o nível individual e o nível agregado nos mercados financeiros. O que se segue é apenas uma preparação para uma futura investigação empírica.

linguística, os filósofos analíticos, os sociólogos e os analistas políticos partilham a consciência de que os erros argumentativos enganadores são contáveis e limitados em número.

Uma justaposição sistemática da "família das heurísticas" e da "família das falácias" ultrapassa os objectivos deste trabalho; limito-me a algumas comparações instrutivas enquanto discuto as principais heurísticas cognitivas uma a uma.

4.4. Representatividade

O tipo mais importante de heurística é provavelmente a "representatividade", cujo equivalente mais próximo é, na análise da argumentação, a *falácia da generalização*. Ambas dizem respeito a erros indutivos. Na sua forma mais geral, a heurística da representatividade pode ser descrita como a avaliação de probabilidades através da avaliação do grau em que A é representativo de B, ou em que "A se assemelha a B". Assim, *a semelhança,* enquanto estratégia de avaliação da representatividade, é fundamental para compreender como funciona esta heurística (e porque é que por vezes falha).

Para o ilustrar através de um exemplo simples, a heurística da representatividade entra em jogo quando se pede aos sujeitos que avaliem a probabilidade de uma determinada pessoa pertencer a uma determinada categoria profissional (.e. agricultor, pescador, piloto de avião, bibliotecário...), a partir de uma breve descrição do carácter e do estilo de vida da pessoa. Se for aplicada a heurística da representatividade, a probabilidade é avaliada através do reconhecimento de semelhanças (analogias) entre o estereótipo de cada categoria profissional e a descrição individual fornecida. Neste caso específico, a heurística da representatividade assemelha-se a uma *falácia de analogia,* partindo, como premissa, de afirmações retiradas de estereótipos profissionais (que são, naturalmente, generalizações de observações empíricas).

A heurística da representatividade comporta diferentes subtipos. Tversky e Kahneman consideram seis subtipos distintos que ocorrem empiricamente no julgamento da representatividade (tanto por leigos como por cientistas, como provaram!): 1) insensibilidade à probabilidade prévia de resultados; 2) insensibilidade à dimensão da amostra; 3) concepções incorrectas do acaso; 4) insensibilidade à previsibilidade; 5) ilusão de validade; 6) concepções incorrectas de regressão. Alguns destes aspectos são de especial interesse para o presente trabalho.

É o caso, por exemplo, da "insensibilidade à probabilidade prévia dos resultados". Foi "descoberta" e provada empiricamente pelos autores através de uma experiência simples. Foram mostradas aos sujeitos breves descrições da personalidade de vários indivíduos, escolhidos aleatoriamente de um grupo de 100 profissionais, todos eles advogados ou engenheiros. Pedia-se aos sujeitos que determinassem, para cada descrição, a probabilidade de a pessoa escolhida ao acaso pertencer à categoria dos advogados ou à dos engenheiros. Além disso, numa das condições experimentais, foi dito aos sujeitos que a amostra de onde tinham sido retiradas as descrições era constituída por 70 engenheiros e 30 advogados. Na outra condição experimental, a distribuição foi invertida (70 advogados e 30 engenheiros). Obviamente, a probabilidade de uma descrição específica corresponder a um engenheiro deveria ser maior no primeiro grupo, onde há uma maioria de engenheiros, e menor no segundo, onde os engenheiros são uma minoria. Surpreendentemente, os resultados experimentais mostraram que os sujeitos nas duas condições produziram essencialmente os mesmos juízos de probabilidade. Assim, em nítido desvio da regra bayesiana, as pessoas eram totalmente insensíveis às probabilidades prévias dos resultados *quando lhes eram fornecidas descrições qualitativas*; em vez disso, confiavam corretamente nas probabilidades prévias quando não tinham qualquer informação adicional.

Aplicado às decisões de negociação financeira, este facto pode sugerir que os operadores económicos se baseiam em estereótipos e juízos convencionais quando expostos a informações interpretativas/avaliativas, para além de dados quantitativos não comentados. Esta hipótese, se comprovada empiricamente, apoiaria a afirmação de Nassim N. Taleb sobre o papel enganador dos meios de comunicação social financeiros e económicos nas decisões dos operadores (2001) e constituiria também um exemplo significativo do papel de distorção da narração de histórias em questões financeiras.

Outra experiência mostrou que as pessoas não são sensíveis à dimensão da amostra. Quando lhes foi pedido que avaliassem as distribuições da altura média para amostras de vários tamanhos, os indivíduos produziram distribuições idênticas. Assim, por exemplo, "a probabilidade de obter uma altura média superior a 6 pés foi atribuída ao mesmo valor para amostras de 1000, 100 e 10 homens" (Tversky, Slovic e Kahneman, 1982, p. 6). Uma insensibilidade semelhante ao tamanho da amostra surgiu em julgamentos de probabilidade posterior, ou seja, da probabilidade de uma amostra ter sido retirada de uma população e não de outra, como no exemplo da retirada de bolas vermelhas e brancas de urnas cheias com diferentes números totais de bolas.

A insensibilidade à dimensão da amostra ocorre, em argumentos do quotidiano, quando as pessoas fazem generalizações universais a partir de um número limitado de observações: por exemplo, quando se afirma que "todos os muçulmanos são pessoas perigosas" porque um pequeno número deles aderiu ao fundamentalismo radical e cometeu ataques terroristas. Na lógica, o padrão de raciocínio errado subjacente é um falso silogismo, que retira uma conclusão universal falsa de uma premissa principal universal verdadeira ("Todos os terroristas são pessoas perigosas") e de uma premissa menor particular verdadeira ("Alguns muçulmanos são terroristas").

Aplicada às decisões de negociação financeira, a insensibilidade à dimensão da amostra pode assumir várias formas e produzir erros dispendiosos. Por exemplo, os operadores leigos, especialmente nas suas primeiras experiências de negociação, podem incorrer no erro de subestimar a importância da dimensão da amostra no que respeita às séries temporais de dados. Em vez de avaliarem o desempenho esperado de um ativo com base numa série de pelo menos seis meses (o período mínimo sugerido como amostra fiável pela análise técnica), acreditam que as amostras constituídas por observações de 10 dias ou 1 mês (por exemplo, preços de fecho) são fiáveis. Consequentemente, tiram previsões erradas de amostras demasiado pequenas, com resultados ruinosos nas decisões de compra e venda.

Em contrapartida, os especialistas em análise técnica e os fundamentalistas atentos às séries cronológicas de dados longos tendem a incorrer numa fé excessiva nas previsões estatísticas extraídas de grandes amostras. Nassim N. Taleb, numa das suas brilhantes investigações sobre o papel da sorte e do acaso nas finanças (2001), discutiu espirituosamente a insensibilidade dos peritos em relação ao "cisne negro", o fenómeno absolutamente improvável que tem poucas hipóteses de ocorrer, mas que ainda assim *pode* acontecer. Analogamente, os especialistas tenderiam a subestimar o papel do acaso nas oscilações de preços, como confirma o apego feroz dos economistas à hipótese do mercado eficiente (ver capítulo I deste livro).

O "equívoco do acaso", outro tipo de heurística da representatividade, é apresentado pelos próprios Kahneman e Tversky como semelhante à conhecida *falácia do jogador*. A este respeito, escrevem: "Depois de observar uma longa sequência de vermelhos na roleta, a maior parte das pessoas acredita erradamente que o preto vai sair, presumivelmente porque a ocorrência do preto resultará numa sequência mais representativa do que a ocorrência de um vermelho adicional" (p. 7). Isto acontece porque "o acaso é normalmente visto como um processo auto-corretor em que um desvio numa direção induz um desvio na direção oposta para restaurar o equilíbrio. De facto, os desvios não são 'corrigidos' à medida que um processo fortuito se desenrola, são apenas diluídos" (*ivi*). Este enviesamento tem várias aplicações interessantes nas decisões de negociação em linha, das quais uma é certamente a curiosa expetativa colectiva conhecida na gíria como "technical bounce". Trata-se da expetativa partilhada de que, após uma série de tendências de baixa (ou de alta), suficientemente longas para se aproximarem de limiares técnicos (suportes ou resistências), o mercado sofrerá uma "auto-correção", movendo-se na direção oposta com aproximadamente a mesma força. Os defensores da análise fundamental - contrariamente aos defensores da análise técnica - consideram esta expetativa irracional. Os adeptos da teoria do passeio aleatório, além disso, consideram-na uma violação da regra de Bayes.

4.5. Ancoragem e ajustamento

O ajustamento a partir de uma "âncora" é a heurística geralmente empregue na previsão numérica quando está disponível um valor relevante. "O valor inicial, ou ponto de partida, pode ser sugerido pela formulação do problema ou pode ser o resultado de um cálculo parcial. Em qualquer dos casos, os ajustamentos são normalmente insuficientes" (Tversky, Slovic e Kahneman 1982, p. 14).

Para testar a existência do efeito de ancoragem, os autores pediram aos sujeitos que estimassem várias quantidades, expressas em percentagem (por exemplo, a percentagem de países africanos nas Nações Unidas). Na presença dos sujeitos, foi girada uma roda da fortuna para fornecer um número aleatório entre 0 e 100. Em primeiro lugar, pedia-se aos sujeitos que avaliassem se o número aleatório estava acima ou abaixo da percentagem estimada; depois, que avaliassem a percentagem que subia ou descia em relação ao valor inicial. Foram dados números aleatórios diferentes a grupos experimentais diferentes e os resultados provaram que esses números aleatórios tinham um grande impacto na avaliação das percentagens. Por exemplo, a mediana estimada da percentagem de países africanos nas Nações Unidas era de 25 e 45 para os grupos que receberam 10 e 65, respetivamente, como pontos de partida.

Shiller (2001; última edição, 2015) aplicou a heurística da ancoragem e do ajustamento à ocorrência de bolhas de preços de activos. Afirma que, no que respeita às estimativas sobre os preços futuros das acções, uma âncora óbvia seria o preço mais recente que pode ser recordado por um determinado investidor. Por esta razão, o princípio de ancoragem frequentemente utilizado pode auto-reforçar os movimentos diários dos preços das acções. Isto pode ser especialmente verdadeiro para eventos extremos, como o colapso dos preços.

Aplicado às decisões de negociação, o efeito de ancoragem e o alegado ajustamento insuficiente encontram-se no início de cada fase de negociação: as expectativas e previsões sobre os níveis de preços diários são influenciadas pelos preços de abertura (entendidos como pontos de partida). Além disso, os preços de abertura estão de alguma forma ligados aos preços de fecho do dia anterior: mesmo que raramente coincidam, de facto, os preços de fecho são utilizados como níveis de referência nos leilões de pré-abertura (que, por sua vez, fixam os preços de abertura).

As heurísticas de ancoragem e de ajustamento estão normalmente associadas a um viés interessante: as pessoas tendem a sobrestimar a probabilidade de acontecimentos conjuntivos e a subestimar a probabilidade de acontecimentos disjuntivos. Tversky e Kahneman chegaram a esta conclusão dando a oportunidade aos indivíduos de apostarem em diferentes acontecimentos. Foram propostos três tipos de eventos: 1) eventos simples, como tirar um berlinde vermelho de uma caixa contendo 50% de berlindes vermelhos e 50% de berlindes brancos; 2) eventos conjuntivos, como tirar um berlinde vermelho sete vezes seguidas, com reposição, de uma caixa contendo 90% de berlindes vermelhos e 10% de berlindes brancos; 3) eventos disjuntivos, como tirar um berlinde vermelho pelo menos uma vez em sete tentativas sucessivas, com reposição, de uma caixa contendo 10% de berlindes vermelhos e 90% de berlindes brancos. Uma maioria significativa dos participantes preferiu apostar no evento conjuntivo (cuja probabilidade é de 0,48) em vez de apostar no evento simples (cuja probabilidade é de 0,50). Os participantes também preferiram apostar no acontecimento simples do que no acontecimento disjuntivo (cuja probabilidade é de 0,52) .[42]

Trata-se claramente de um enviesamento na avaliação de *probabilidades condicionadas*, como as que os investidores têm constantemente de avaliar quando consideram as probabilidades de ocorrência de mais do que um evento *independente* em simultâneo[43] (também em condições de movimentos regulares do mercado, e não apenas em bolhas especulativas). Aplicado às decisões de negociação, o enviesamento na avaliação de acontecimentos conjuntivos e disjuntivos sugere uma aposta sistemática na coocorrência menos provável de acontecimentos e, mais uma vez, uma conceção errada do acaso.

4.6. Disponibilidade

---

42 É de notar que este enviesamento não distorce a propriedade da transitividade das preferências (que é um requisito formal da coerência). Sobre a relação entre racionalidade e coerência, ver Corradi (2007).

43 A propriedade de independência não se aplica, obviamente, a derivados como certificados com alavancagem calculados sobre índices (como, por exemplo, os certificados alavancados de curto/longo prazo sobre o FTSE emitidos pela Societé General). Em vez disso, é por vezes problemático avaliar se os níveis de preços de activos individuais incluídos em índices são ou não realmente independentes do movimento dos próprios índices; ou, em que medida os níveis de preços de activos baseados em mercadorias são realmente dependentes dos preços das mercadorias (ou seja, o preço da Eni/petróleo).

A disponibilidade é uma heurística baseada fundamentalmente na *facilidade* com que os dados e as associações vêm à mente do sujeito quando confrontado com a tarefa de avaliar a frequência de uma classe ou a plausibilidade de um determinado desenvolvimento. Tal como Tversky e Kahneman a descrevem:

"Há situações em que as pessoas avaliam a frequência de uma classe ou a probabilidade de um acontecimento pela facilidade com que os casos ou ocorrências podem ser recordados. Por exemplo, pode-se avaliar o risco de ataque cardíaco entre pessoas de meia-idade recordando ocorrências desse tipo entre conhecidos. Do mesmo modo, podemos avaliar a probabilidade de um determinado projeto empresarial falhar imaginando as várias dificuldades que poderá encontrar" (1982, p.11).

A confiança na heurística da disponibilidade conduz a alguns enviesamentos previsíveis, que se assemelham, pelo menos em certa medida, à *falácia* argumentativa *da relevância*: nos erros derivados deste tipo de raciocínio, de facto, os dados que parecem ser relevantes - fiáveis como premissas para fazer inferências - são na realidade enganadores.

Um primeiro grupo de enviesamentos decorrentes da heurística da disponibilidade provoca a recuperabilidade das instâncias no julgamento da dimensão das classes: normalmente, uma classe cujas instâncias são facilmente recuperadas parecerá mais numerosa do que uma classe de igual frequência cujas instâncias são menos recuperáveis. Assim, por exemplo, quando se pedia aos sujeitos que avaliassem a dimensão de uma classe (género) a partir de uma lista em que os homens eram relativamente mais famosos do que as mulheres, julgavam erradamente que a classe com as personalidades mais famosas era também a mais numerosa. (Numa análise argumentativa, poder-se-ia afirmar que o atributo fama não é relevante para fazer inferências sobre a dimensão de uma classe). É interessante notar que a capacidade de recuperação das instâncias depende de factores como *a familiaridade*, *a saliência* e *a proximidade no tempo e no espaço*. Assim, por exemplo, o impacto sobre as probabilidades subjectivas de roubo de automóveis do facto de se ter o próprio carro roubado é mais forte do que a leitura de um carro roubado no jornal local.

Analogamente, o impacto de acontecimentos recentes/mais próximos é mais forte do que o de acontecimentos passados/distantes, desde que os acontecimentos tenham mais ou menos a mesma importância. Neste primeiro grupo de enviesamentos, que inclui também os devidos à "eficácia de um conjunto de pesquisa", *a memória* é fundamental para compreender a heurística da disponibilidade.

Isto conduz-nos diretamente ao promissor campo de investigação do papel da memória nas finanças. Reinheart e Rogoff (2009), por exemplo, já mostraram longamente que os investidores financeiros, tanto os leigos como os profissionais, são propensos a cair nos truques da memória curta: perante uma nova crise financeira, tendem normalmente a acreditar que "desta vez é diferente".

A heurística da disponibilidade, no entanto, fornece mais informações. Transferida para a negociação em linha, sugere que os operadores confiam nas suas previsões em níveis de preços que lhes vêm facilmente à memória. Se se lembram melhor de níveis de preços que são salientes no seu próprio desempenho de negociação, ou, em vez disso, de níveis de suporte e resistência tecnicamente identificados, é uma questão a ser respondida empiricamente .[44]

Um segundo grupo de enviesamentos diz respeito à capacidade de construir dados de acordo com uma determinada regra, em vez de os selecionar a partir da informação armazenada na memória. Neste aspeto, é típico o chamado "enviesamento da correlação ilusória". Foi provado experimentalmente que os indivíduos sobrestimam acentuadamente a frequência de coocorrência de associados naturais, tais como, na experiência, paranoia e olhos peculiares. Aplicado às decisões de negociação em linha dos pequenos investidores, o enviesamento da correlação ilusória chama a atenção, por exemplo, para os conhecimentos técnicos que os investidores têm dos activos financeiros e das suas relações (uma questão de investigação que poderia beneficiar dos estudos já existentes sobre a *literacia financeira* dos investidores leigos).

4.7. "Follow the Smart Money": uma nova heurística?

44 A investigação empírica neste sentido permitiria também explicitar a sobreposição factual entre a heurística da disponibilidade e a heurística da ancoragem e do ajustamento.

Os movimentos bruscos nos preços dos activos podem desencadear a implementação de heurísticas específicas para processar decisões de negociação repentinas. Ao realizar um estudo de caso sobre o colapso dos preços das acções da ENI na primeira "segunda-feira negra" de 2015 (quando o FTSE MIB perdeu cerca de 4,9 % do seu valor num só dia), verifiquei que os comerciantes leigos tendem a seguir o "dinheiro inteligente" em condições de elevada volatilidade e incerteza dos preços.

Como já foi explicado, "smart money" é o termo utilizado para designar os profissionais do sector financeiro e os investidores institucionais (fundos de retorno absoluto, fundos de pensões, bancos de investimento ou investidores privados muito ricos), pessoas que estão em melhor situação com informações (privilegiadas) ou que, pelo menos, se pensa que estão. O dinheiro inteligente goza normalmente de um grande poder de compra e venda, movimentando grandes volumes de activos[45] ao mesmo tempo. Como tal, é "reconhecível" *pela dimensão das ordens de compra/venda* nos livros de limites em linha.

O estudo de caso incide sobre um dos principais activos do FTSE na Bolsa de Valores de Milão: ENI, uma empresa bem conhecida, ativa no campo da extração e refinação de petróleo, intimamente ligada ao preço do "ouro negro". Uma vez que já apresentei longamente esta investigação num artigo publicado anteriormente (Corradi, 2015), o leitor encontrará aqui apenas uma breve síntese das principais conclusões.

Os quadros que se seguem mostram quatro imagens consecutivas do súbito colapso e do rápido ensaio de recuperação (parcial) das cotações das acções da ENI na segunda-feira, [dia] 5 de janeiro de 2015. Trata-se de um caso de volatilidade extremamente elevada num período de tempo muito curto. De facto, nesse dia, às 9h00, uma ação da ENI valia 14,50 euros; às 17h30 do mesmo dia, valia apenas 13,37 euros, ou seja, menos cerca de um euro por cada ação. Num só dia, foram trocadas mais de 38 milhões de acções (contra um volume médio intradiário de 10 milhões) e o preço intradiário oscilou entre o mínimo (13,31) e o máximo (14,38) em mais de 8 pontos percentuais. Uma volatilidade notável, tendo em conta que a ENI é normalmente bastante estável

45 Para uma análise dos estudos dedicados à relação entre preços e volumes de transacções, ver Karpoff (1987).

nos níveis de preços, apesar de estar obviamente ligada ao preço do petróleo (que nesse dia cortou o limiar psicológico dos 50$ por barril): isto torna o caso ainda mais raro e interessante para análise.

Figura 4.1. Livro de limites em 5 níveis para ENI às 17:14:11 e às 17:15:11 (05/01/2015)

ENI *17:14:11*						*17:15:11*					
Último 13.43	**var.%** -7.95	**Mínimo 13,4**	**Máximo 14,38**	**Volumes** *29'720'754*	**Aberto 14.3**	**Últimos 13,4**	**var.%** -8.16	**Mínimo 13,4**	**Máximo 14,38**	**Volumes** *30'072'985*	**Aberto 14.3**
n. compradores	***Comprar***	***Proposta***	***Perguntar***	***Volume de vendas***	***n. vendedores***	***n. compradores***	***Compra de volume***	***Proposta***	***Perguntar***	***Venda de volume***	***n. vendedores***
10	*15'883*	13.42	13.44	*37'161*	11	14	*14'775*	13.39	13.40	*28'830*	11
20	*61'274*	13.41	13.45	*75'515*	17	26	*36'235*	13.38	13.41	*78'831*	17
63	*63'308*	13.40	13.46	*38'855*	12	16	*26'400*	13.37	13.42	*44'158*	22
13	*18'876*	13.39	13.47	*69'238*	14	12	*10'856*	13.36	13.43	*97'697*	17
21	*31'169*	13.38	13.48	*46'178*	18	18	*24'714*	13.35	13.44	*42'898*	17

Figura 4.2. Limit-Book em 5 níveis para ENI às 17:15:13 e às 17:15:33 (05/01/2015)

ENI *17:15:13*						*17:15:33*					
Último 13.34	**var.%** -8.57	**Mínimo 13,34**	**Máximo 14,38**	**Volumes** *30'172'075*	**Aberto 14.3**	**Últimos 13,4**	**var.%** -8.16	**Mínimo 13.31**	**Máximo 14,38**	**Volumes** *30'510'365*	**Aberto 14.3**
n. compradores	***Compra de volume***	***Proposta***	***Perguntar***	***Volume de vendas***	***n. vendedores***	***n. compradores***	***Compra de volume***	***Proposta***	***Perguntar***	***Volume de vendas***	***n. vendedores***
1	*750*	13.35	13.37	*9'019*	8	2	*4'500*	13.39	13.41	*60'631*	10
11	*7'507*	13.34	13.38	*16'723*	9	8	*8'448*	13.38	13.42	*14'748*	9
13	*13'813*	13.33	13.39	*23'337*	10	12	*52'628*	13.37	13.43	*65'823*	8
8	*14'665*	13.32	13.40	*32'611*	14	8	*9'498*	13.36	13.44	*19'957*	8
20	*28'702*	13.31	13.41	*38'762*	12	8	*12'948*	13.35	13.45	*14'016*	6

Como se pode ver nestes quadros, em *sessenta segundos* o preço de cada ação passou de 13,43 para 13,4 (fig. 4.1), mas em *dois segundos* de 13,4 para 13,34; depois, em *dez segundos*, passou para 13,31 para voltar a subir para 13,4.

No entanto, há algo mais que deve ser notado, olhando para a progressão das trocas de volume. Na primeira imagem (fig. 1 à esquerda), muitos operadores estão confiantes no facto de que o preço vai baixar ainda mais a partir de 13,43, mas não tanto: de facto, 10 ordens de compra (compradores)[46] são colocadas a 13,42 (15,883 unidades), 20 ordens de compra a 13,41 (61,274 unidades), 53 a 13,40 (63,308 unidades), apenas 13 e 21 respetivamente a 13,39 e a 13,38. As ordens de venda, também na fig.1,

46 Aqui considero as "ordens de compra" e os "compradores" como equivalentes, mas o mesmo comprador pode, de facto, colocar mais do que uma ordem ao mesmo preço.

distribuem-se mais ou menos uniformemente entre os quatro primeiros preços, com uma preferência por 13,45 (onde 17 esperam para vender 75.515 unidades). No segundo quadro (fig. 4.1 à direita) a situação alterou-se radicalmente: todos os compradores dispostos a comprar a um preço superior a 13,39 foram "retirados" do livro, ou seja, compraram efetivamente ou retiraram as suas ordens antes de serem executadas (opção imediatamente executiva a partir de qualquer plataforma on-line), enquanto os vendedores se apressaram a sair, a partir de 13,4 para cima. A imagem do segundo quadro à esquerda (fig. 4.2) mostra o efeito de "desconfiança" provocado pelo minuto anterior: as grandes ordens de compra ("smart money") desaparecem do livro, enquanto outros (pequenos) investidores colocam as suas ordens de compra muito longe do preço de troca (um único trader fica sozinho, pedindo 750 unidades a 13,34 (cerca de 10.000 euros). Na última imagem à direita (fig. 4.2), pode ver-se que o pânico está quase a passar e que foi recuperado algum equilíbrio, apesar de a situação ser ainda instável: 12 ordens de compra de média dimensão estão fixadas em 13,37 (52.628 unidades), 8 com aproximadamente o mesmo poder de venda, pelo contrário, parecem confiar num aumento de preço, fixando as suas ordens em 13,43 (65.823 unidades).

Considero que este estudo de caso é muito revelador no que respeita à aplicação de heurísticas nas decisões de negociação em linha contemporâneas. Acima de tudo, evidencia a existência de uma *variante da heurística da disponibilidade, associada ao espírito animal do pastoreio*. O que os dados das figuras acima mostram é, na verdade, a implementação de uma estratégia de tomada de decisão destinada a poupar nos custos de informação, seguindo o que os operadores em linha *presumem que* "o dinheiro inteligente" está a fazer. Identificá-los através das plataformas de negociação em linha é, na verdade, uma tarefa bastante fácil e rápida, apesar do anonimato formal que cobre a identidade dos operadores. Esta *facilidade* resulta dos tipos de informação apresentados pelos livros de limites online. Estes fornecem aos operadores duas informações distintas e igualmente preciosas: o montante total de activos prontos a serem vendidos ou comprados, para cada nível de preços (segunda coluna a contar do exterior); e o número total de ordens introduzidas no sistema no lado comprador ou vendedor de cada livro (primeira coluna a contar do exterior). Uma leitura rápida e *sinóptica* destes dois tipos de dados permite aos operadores detetar os "smart money" e as suas escolhas operacionais com um bom grau de fiabilidade. De facto, um nível de compra/venda com uma quantidade elevada de activos e poucas ordens de compra/venda *indica* que os grandes investidores estão activos a esse nível de preços; um nível de compra/venda com uma quantidade reduzida de activos e muitas ordens de compra/venda indica que apenas os pequenos investidores estão dispostos a comprar/vender a esses níveis de preços. Uma vez que os investidores acreditam que o "smart money" tem uma informação melhor ou mais completa, seguir as suas decisões é sensato; e é também racional, uma vez que esta "heurística" lhes permite poupar nos custos de pesquisa autónoma de informação.

Como qualquer outra heurística apresentada anteriormente, esta - que pode ser designada por "detetar e seguir o smart money" - pode conduzir a enviesamentos e erros sistemáticos. Dois deles, em particular, merecem ser descritos com exatidão. Por um lado, o (presumível) smart money tem uma vantagem sobre os pequenos investidores (para além de, presumivelmente, possuir melhor informação): como movimentam maiores quantidades de activos, mesmo pequenas variações nos preços podem proporcionar-lhes rendimentos elevados. Consequentemente, pode ser complicado para os investidores de médio-longo prazo segui-los nas ordens de compra e venda se entrarem/saírem do mercado para fins especulativos, jogando com pequenas variações de preços. Por outro lado, o "smart money" normalmente "mexe" com os preços de mercado com "ordens fantasma" destinadas simplesmente a fazer subir ou descer os preços actuais (estes movimentos rápidos são possíveis graças ao software de negociação automática de alta frequência). Isto implica a possibilidade de os pequenos operadores leigos ficarem "presos" em ordens executadas que não foram suficientemente rápidas para arriscar de acordo com os movimentos do smart money. Assim, como qualquer outra heurística, detetar e seguir o "smart money" pode ser altamente arriscado, apesar das vantagens em termos de poupança de custos de informação.

O estudo de caso fornece, ao mesmo tempo, um bom exemplo de comportamento de grupo na bolsa de valores. Os investidores tendem a formar "grupos" quando estão expostos a condições de total incerteza sobre os níveis de preços e em situações de volatilidade acentuada e súbita, desde que se aplique alguma variante da heurística da disponibilidade (como no caso acima descrito). Em primeiro lugar, os operadores leigos identificam aqueles que podem ser considerados "líderes" - os presumíveis "smart money" - e, em seguida, tentam seguir as suas decisões de negociação extemporâneas. Desta forma, um "espírito social" - seguir o mais forte/mais informado - entra no jogo, através da implementação de uma heurística peculiar que até agora não existia entre as já descobertas pela psicologia cognitiva.

CAPÍTULO V

O papel dos media na crise financeira

5.1. O papel ativo dos meios de comunicação social nos acontecimentos do mercado

Hoje em dia, uma sociologia da bolsa não pode certamente prescindir de uma análise profunda e sistemática do papel dos meios de comunicação social nas bolhas especulativas e, de um modo mais geral, nas crises financeiras.

Recentemente, tem sido realizada muita investigação empírica no domínio dos estudos sobre os media, muitas vezes com uma abordagem interdisciplinar alargada e concepções metodológicas multimodais[47] , lidando com uma variedade de questões de investigação. Principalmente, ainda que não exclusivamente, os sociólogos preferiram centrar-se na *forma como* os meios de comunicação social são capazes de influenciar os mercados financeiros (Davis, 2006), enquanto os economistas obtiveram resultados controversos sobre o *impacto* real das notícias nas grandes oscilações de preços (Tetlock, 2007; Fang & Peress, 2009).

Além disso, os sociólogos têm muitas vezes sublinhado explicitamente o papel "ativo" dos meios de comunicação social, sugerindo que os consideremos como "construtores de notícias" e não como "mediadores de notícias" neutros. De acordo com esta perspetiva, tanto os meios de comunicação social generalistas como os meios de comunicação social financeiro-empresariais não são meros "espelhos" dos estados do mundo financeiro: são antes "amplificadores" de emoções positivas e negativas, de expectativas e ilusões, animadores de booms financeiros e adivinhos de explosões, por vezes até "profetas da desgraça". Ao mesmo tempo, e mais fundamentalmente, os media "interpretam" os acontecimentos do mercado no próprio ato de selecionar factos/interpretações/avaliações e de os apresentar como "notícias" dignas de atenção e difusão públicas. Esta perspetiva "construtivista", a meu ver, merece ser mantida,

47 A literatura sobre este tema, não por acaso, tem vindo a acumular-se rapidamente nos últimos dez anos, desenvolvendo estudos históricos e recorrendo frequentemente a desenhos de investigação comparativos alargados e a perspectivas interdisciplinares. Uma das mais recentes e exaustivas contribuições para este domínio de estudo é a editada por Steve Schifferes e Richard Roberts (2015). Estes autores apresentam uma rica coleção de ensaios dedicados à crise bancária e à crise do euro nos meios de comunicação social, sublinhando tanto as lições da história como os novos desafios para o futuro.

desde que não seja tomada de forma demasiado radical (isto é, ao ponto de se pensar que as notícias são meros factos fictícios, o que penso não ser verdade). Por outro lado, há que reconhecer que existem situações em que os media *são*, de facto, puros mediadores: por exemplo, quando dão entrevistas gravadas a especialistas financeiros, integram discursos políticos e debates parlamentares.

Entre os economistas que estudaram o papel dos meios de comunicação social nas crises financeiras, o Prémio Nobel Robert Shiller junta-se a esta mesma perspetiva no seu popular livro "*Rational Exuberance*" (2000; última ed. 2015), enfrentando uma questão crucial (aquela que geralmente preocupa os economistas): "será que as grandes variações do preço das acções se seguem realmente a dias de grandes notícias?".

O pressuposto sobre o qual Shiller constrói a sua investigação (cujos resultados serão resumidos e comentados no parágrafo seguinte) é a ligação essencial entre as bolhas especulativas e os meios de comunicação social. De forma significativa, ele afirma que: "A história das bolhas especulativas começa aproximadamente com o advento dos jornais (2015, p. 101). De facto, não encontrou "nenhum relato anterior aos jornais sobre a atenção generalizada do público aos movimentos especulativos de preços que são descritos pelos contemporâneos como selvagens e inexplicáveis ou como devidos apenas à exuberância dos investidores" (p. 299)[48] . Além disso, afirma abertamente que "embora os meios de comunicação social - jornais, revistas e meios de comunicação social de grande difusão, juntamente com os seus novos canais na Internet - se apresentem como observadores distantes dos acontecimentos do mercado, eles próprios são *parte integrante* desses acontecimentos" (p. 101). Por outras palavras, o impacto dos meios de comunicação social nas bolhas especulativas e nas crises financeiras é considerado constitutivo: ao selecionar e apresentar "factos financeiros relevantes", os meios de comunicação social exercem um papel crucial e ativo na formação dos próprios factos financeiros.

Assim, se juntarmos a perspetiva dos próprios meios de comunicação social, é fácil

---

48 Honestamente, Shiller reconhece excepções à sua generalização, como a bolha especulativa da pimenta do século XIV ou exemplos antigos e medievais de subida em flecha dos preços dos cereais em tempos de fome.

perceber que as notícias financeiras representam um tópico estratégico, dado o objetivo dos meios de comunicação social de atrair e manter uma clientela estável. O mercado de acções, de facto, é uma fonte constante de notícias potencialmente interessantes, o tipo de itens que podem facilmente captar e manter a atenção da audiência[49] . Além disso, a incerteza que domina os mercados financeiros é atractiva do ponto de vista jornalístico, uma vez que fomenta a discussão e as previsões, encorajando os meios de comunicação social a convidar especialistas e a organizar debates animados sobre questões controversas e possíveis tendências futuras.

Se os meios de comunicação social têm fortes incentivos para tratar de assuntos financeiros, também é verdade que esses incentivos representam possíveis fontes de enviesamento sistemático. Numa coleção abrangente de estudos recentemente publicada sobre o papel dos meios de comunicação social na crise financeira (Schifferes e Roberts, 2015), é fornecida uma lista de distorções bem documentadas nos relatórios financeiros e empresariais:

1. a utilização incorrecta de expressões hiperbólicas e de superlativos;
2. a valorização indevida de pretensos registos de preços que, na realidade, não o são em termos históricos, mas apenas em termos quotidianos;
3. as histórias ad hoc acumulam-se rapidamente depois de os acontecimentos financeiros já terem ocorrido (na verdade, *qualquer* tipo de história que possa acompanhar os números do mercado);
4. comparações erróneas e mal orientadas, em tempos de crise, com crises anteriores.
5. "Seleção selectiva de dados que apoiem pontos de vista idiossincráticos ou previsões específicas.

Tudo isto são meios jornalísticos baratos para atrair e manter a atenção do público, por vezes dramaticamente a favor da verdade.

49 O único outro gerador regular de notícias a uma escala comparável são os acontecimentos desportivos, que, no entanto, não afectam geralmente os interesses económicos diretos dos cidadãos (excluindo as apostas desportivas).

Joseph E. Stiglitz (2009) observa também que, embora uma imprensa financeira crítica devesse "servir como um dos controlos e equilíbrios, restaurando a sanidade nos mercados que perderam o contacto com a realidade" (Stiglitz, in Schifferes e Roberts, 2015, p. 141), este não é regularmente o caso, apesar do mundo jornalístico altamente competitivo. De facto, os jornalistas económicos e financeiros dependem das suas fontes e, por isso, têm de lhes agradar. Por exemplo, "se um repórter que cobre uma empresa for excessivamente crítico, arrisca-se a que lhe seja negado o acesso a informações sobre os planos de expansão da empresa. Terá de confiar na informação disponível ao público, o que o colocará em desvantagem competitiva em relação aos rivais que conseguem obter 'furos'" (p. 143).

Para além destas graves distorções na recolha de dados e na sua apresentação/entrega, os meios de comunicação social podem ser "distorcivos" - e negativamente activos - mesmo num sentido mais dramático: podem ser promotores de "profecias auto-realizáveis". É o que acontece normalmente quando uma empresa ou um banco (ou um Estado) está à beira da falência ou enfrenta uma crise de liquidez. O próprio ato de o anunciar como uma notícia pode ter efeitos indesejados e perversos, como uma onda de vendas ou uma súbita corrida aos balcões. A esta potencialidade perturbadora juntam-se atualmente os papéis controversos das agências de notação, cujas descidas de notação anunciadas publicamente puseram em perigo mais de um país durante a crise do euro em 2010.

No entanto, para avaliar o papel dos meios de comunicação social nas crises financeiras e, sobretudo, no valor das acções nas bolsas de valores, é preciso mais do que estas poucas notas teóricas. Por esta razão, vale a pena recorrer a algumas análises empíricas e sistemáticas efectuadas por economistas.

5.2. O impacto das notícias nos preços das acções

Como mostrarei, os economistas que se debruçaram sobre o tema procuraram avaliar o impacto *das notícias* nos preços das acções e a sua *importância* relativa *percebida* pelos investidores institucionais e individuais, e não o papel *dos meios de comunicação social*. Por outras palavras, centraram-se no conteúdo das notícias - os acontecimentos, e não nas suas fontes e/ou noutros aspectos da comunicação. Para testar o impacto das notícias nos preços das acções, os economistas começaram por procurar correlações estatísticas (que não devem ser confundidas com relações causais), em longas séries temporais, entre grandes oscilações dos preços dos activos e grandes dias de notícias. Ao fazê-lo, recolheram provas empíricas interessantes e, em certa medida, controversas, que merecem ser brevemente resumidas aqui.

Como o próprio Shiller recorda, Victor Niederhoffer foi um dos primeiros a tentar determinar se os dias com notícias significativas correspondiam ou não a dias de grandes movimentos dos preços das acções. Niederhoffer (1971) tabulou as principais manchetes do New York Times de 1950 a 1966, encontrando 432 itens. No mesmo período, o S&P Composite Index registou aumentos substanciais de um dia (mais de 0,78%) em apenas 10% dos dias de negociação e diminuições substanciais de um dia (mais de 0,71%) em apenas outros 10% dos dias de negociação. Dos 432 dias de eventos mundiais significativos, 78 (18%) registaram grandes subidas de preços e 56 (13%) grandes descidas. "Assim, esses dias foram apenas ligeiramente mais propensos a mostrar grandes movimentos de preços do que outros dias", comenta Shiller, acrescentando que "talvez o que os meios de comunicação social *pensavam* ser uma grande notícia nacional não fosse o que era realmente importante para o mercado de acções" (p. 105). Para aprofundar a sua análise, Niederhoffer agrupou então os 432 títulos em onze períodos de "crise" (definindo-os como uma altura em que pelo menos cinco destes títulos apareceram numa semana)[50] . Durante estes períodos, 42% dos preços diários registaram alterações significativas, em comparação com 20% noutros períodos normais, "sem grandes acontecimentos". Assim, como comenta Shiller, "os períodos de crise foram um pouco, *mas não dramaticamente*, mais susceptíveis de serem acompanhados por grandes variações dos preços das acções" (ivi, p. 105).

Um outro estudo realizado por Cutler, Poterba e Summers (1989), no seguimento da

50 Na sua amostra, encontrou os seguintes acontecimentos mundiais significativos: a guerra da Coreia em 1950, a tomada de Seul em 1951, a Convenção Nacional Democrata de 1952, a ameaça russa à Hungria e à Polónia em 1956, a crise do Suez em 1956, a estreia de Charles de Gaulle em 1958, a entrada de tropas americanas no Líbano no mesmo ano, Nikita Khrushchev nas Nações Unidas em 1959, as tensões cubanas em 1960, o bloqueio de armas em Cuba em 1962 e o assassinato de Kennedy em 1963.

investigação de Niederhoffer, apesar da sua conceção metodológica diferente[51] , confirmou substancialmente que a associação entre as grandes oscilações dos preços das acções e as notícias sobre grandes acontecimentos era bastante fraca, provando efetivamente a *ausência* de grandes notícias nos dias de grandes variações de preços.

Um estudo mais recente de Ray C. Fair (2002), que utilizou intervalos de tempo muito curtos (1-5 minutos de alterações de preços de futuros do S&P 500) em vez de dados diários, mostrou que é mais fácil associar determinados acontecimentos a determinadas alterações de preços de acções, apesar de "muitas grandes alterações de preços não corresponderem a acontecimentos óbvios e muitas grandes alterações parecerem não ter uma explicação fácil" (Fair, 2002, p. 722).

Estes estudos anteriores, e os realizados pelo próprio Shiller a propósito das histórias "tagged along" após crashes bolsistas (como o da UAL Corporation), parecem sugerir que o impacto dos media é muito menos eficaz sobre as cotações bolsistas do que inicialmente se afirma. Mas não é bem assim, como argumenta Shiller, sendo o impacto dos acontecimentos noticiosos não direto e antecipado, mas antes indireto e retardado, como "*precipitadores de cascatas de atenção*" (sobre "cascatas de informação" ver o capítulo anterior). A este respeito, Shiller escreve:

"O papel dos acontecimentos noticiosos que afectam o mercado parece muitas vezes ser retardado e ter o efeito de desencadear uma *sequência de atenções públicas*. Estas atenções podem ser para imagens de histórias, ou para factos que podem já ser bem conhecidos. Os factos podem ter sido anteriormente ignorados ou considerados inconsequentes, mas podem atingir uma nova proeminência na sequência de notícias de última hora. Estas sequências de atenção podem ser designadas por *cascatas*, uma vez que um foco de atenção leva a que se preste atenção a outro, e depois a outro" (2015, p. 108).

Para ilustrar este ponto, Shiller propõe um estudo de caso sobre o terrível terramoto

51 Os autores elaboraram uma lista dos cinquenta maiores movimentos do mercado de acções dos EUA (no índice S&P) desde a Segunda Guerra Mundial e, para cada um deles, tabularam as explicações dadas pelos meios de comunicação social. Concluíram que, na maioria dos casos, as grandes oscilações de preços não estavam associadas a notícias invulgares.

(7,2. escala de Richter, o pior terramoto que atingiu o Japão urbano em mais de 50 anos) que atingiu Kobe, no Japão, às 5h45 de terça-feira, 17 de janeiro de 1995.

Os danos provocados por este acontecimento "economicamente exógeno" (exógeno na sua origem, evidentemente) foram dramáticos, tanto em termos de número de vítimas como em termos económicos: perderam-se cerca de 6500 vidas e o Centro de Renovação de Kansai estimou os danos económicos totais em cerca de 100 mil milhões de dólares. Apesar da enorme cobertura noticiosa desde o primeiro dia do terramoto, a reação da bolsa japonesa foi muito mais tardia. O índice Nikkei caiu ligeiramente em 17 de janeiro (enquanto os preços das acções das empresas relacionadas com a construção subiram em geral), tendo sofrido uma queda acentuada 6 dias mais tarde (de mais de 5,6%); nos dez dias que se seguiram ao terramoto, acumulou uma queda de mais de 8% do seu valor. Ao longo do tempo, porém, o único papel relevante dos media foi o desenrolar de notícias mais ou menos relacionadas com o terramoto de Kobe, como discussões sobre os riscos de a própria Tóquio ser atingida por um terramoto (uma possibilidade já debatida por especialistas muito antes) e os seus eventuais custos económicos. Assim, afirma Shiller, o terramoto de Kobe é um bom exemplo do facto de os meios de comunicação social poderem desempenhar o papel de promotores de cascatas de informação, atraindo a atenção dos investidores para riscos (e custos conexos) há muito conhecidos, mas que não eram realmente "visíveis" ou "relevantes" para as decisões de negociação e investimento.

Outros estudos de caso interessantes são o crash de 1929 e o crash de 1987. No caso da Grande Depressão, gerações de historiadores e economistas ficaram maravilhados com o facto de nenhuma notícia significativa ter antecipado a "sexta-feira negra" mais dramática de sempre, a segunda-feira, 28 de outubro de 1929, quando o Dow caiu 12,8% num dia. No dia seguinte, em vez de uma recuperação ou, pelo menos, de um ressalto técnico, o Dow assistiu a uma nova queda dramática de cerca de 11,7%: em dois dias, deixou no pregão mais de 23% do seu valor. Alguns autores - entre eles, Jude Wanniski - afirmam que houve, de facto, uma notícia no New York Times, na segunda-feira de outubro de 2008, que poderia ter sido responsável por tal queda. Tratava-se da reportagem sobre a probabilidade de aprovação da tarifa Smooth-Hawley, que, segundo alguns analistas, teria prejudicado as perspectivas de lucros das empresas americanas. Contra essa interpretação está o facto de que muitas empresas americanas pediram e apoiaram a introdução da tarifa como benéfica, descartando o risco de retaliação de outros países. O declínio das exportações registado durante a crise de 1929 foi, de qualquer modo, mais uma consequência do que uma causa da Grande Depressão. Segundo Shiller, em vez disso, "muito mais significativos (...) são os indícios da importância atribuída na mente das pessoas aos acontecimentos de apenas alguns dias antes, quando a bolsa de valores tinha registado um declínio recorde nos preços das acções" (p. 112). Esse dia foi rapidamente esquecido nos livros de história económica porque, em 24 de outubro de 1929, o Dow perdeu "apenas" 2,1% no final da negociação: durante o dia de negociação, no entanto, tinha caído 12,9%. A cobertura mediática desse dia agitado de negociações e os consequentes editoriais de primeira página destinados a tranquilizar os investidores e a evitar o pânico são, segundo Shiller, os verdadeiros "precipitadores das cascatas de atenção" neste caso. Ao procurar uma justificação para a queda de 24 de outubro, Shiller argumenta, mais uma vez, que não houve notícias relevantes sobre os fundamentos, apenas o eco de mais um dia de vendas frenéticas. Consequentemente, ele conclui: "Não é possível que os acontecimentos do crash do mercado de acções de 1929 possam ser considerados uma resposta a quaisquer notícias reais. Em vez disso, assistimos a uma *bolha negativa*, que funciona através de efeitos de feedback das alterações de preços, e a uma *cascata de atenção* com uma série de fixações públicas elevadas no mercado" (p. 114). O mesmo aconteceu noutros desastres do mercado - incluindo o famoso crash de 1987 (ivi, pp. 114-119).

Chegou o momento de verificar autonomamente o eventual impacto de notícias de última hora sobre atentados terroristas - um facto exógeno, mais ou menos como um terramoto geopolítico, na bolsa de valores. Para o efeito, os trágicos acontecimentos de 11 de setembro de 2001 constituem um caso de estudo típico (a NYSE permaneceu encerrada durante quatro dias, o DAX, na Alemanha, caiu 8,5% e o FTSE MIB, em Itália, caiu 7,44% num só dia).

Em vez disso, optei por me centrar no mais recente duplo ataque terrorista a Paris, em 2015, para desviar a atenção da muito bem estudada bolsa de valores americana para a bolsa de valores francesa e, de um modo mais geral, para as bolsas de valores do Velho Continente.

5.3. Do Charlie Hebdo ao atentado do Bataclan: um estudo de caso

O estudo de caso francês representado pela sequência de dois atentados terroristas dramáticos em 2015, apesar do número dramático de vidas humanas e das quebras simbólicas, fornece informações interessantes sobre o impacto das notícias na bolsa de valores. Em 7 de janeiro de 2015, dois homens armados islamistas entraram à força na sede parisiense da *Charlie Hebdo*, uma revista semanal satírica e irreverente[52] , já atacada em 2011. Ao abrir fogo, os atiradores gritaram "*Allahu akbar*" ("Deus é grande" em árabe) e "o Profeta está vingado". Mataram 12 pessoas e feriram 11. O Presidente François Hollande qualificou o ato como um "atentado terrorista da mais extrema barbárie"[53] . Os dois atiradores foram identificados como irmãos muçulmanos franceses de ascendência argelina e foram capturados pela polícia francesa menos de dois dias após o ataque.

Apesar do eco quase imediato que o tiroteio terrorista teve nos meios de comunicação social (a hora exacta do ataque foi às 13h47 e a cobertura noticiosa foi quase imediata), o impacto da notícia de última hora no principal índice bolsista francês - o CAC 40 - foi definitivamente contido.

Como mostra o gráfico seguinte (fig. 5.1), o dia 7 de janeiro de 2015 não foi um dia de negociação muito agitado, com máximos e mínimos intradiários próximos (máximo: 4.144,95; mínimo: 4.080,78). O nível de fecho (4.112,73) foi quase igual ao de abertura (4.111,73), completamente em linha com as médias móveis (MM) de dez e vinte dias.

Figura 5.1: O gráfico histórico do CAC 40, com foco em janeiro de 2015.

52 De tom inconformista, a publicação, cujas raízes remontam à revista Hara-Kiri de 1960, descreve-se como ateia, de extrema-esquerda e antirracista. Publica artigos sobre a extrema-direita (nomeadamente o partido nacionalista francês Frente Nacional), a religião (catolicismo, islamismo, judaísmo), a política e a cultura.
53 Adam Withnall, John Lichfield, "Charlie Hebdo shooting: At least 12 killed as shots fired at satirical magazine's Paris office", *The Independent*, 7 de janeiro de 2015.

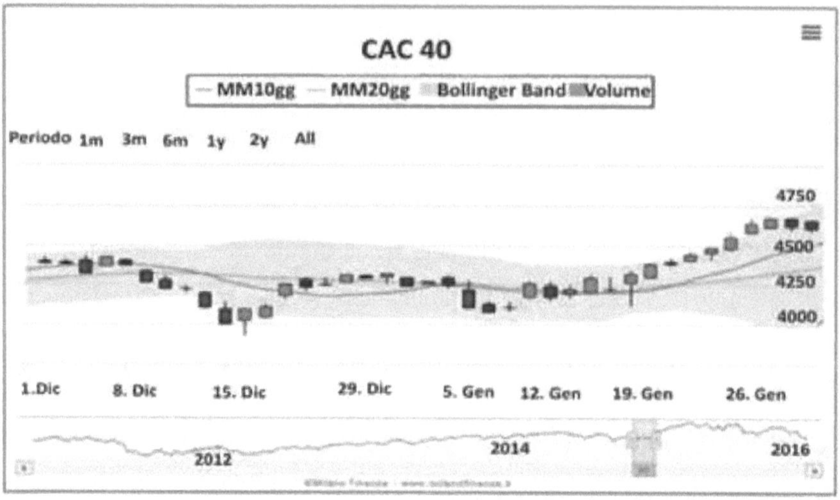

No dia seguinte, 8 de janeiro de 2015, o CAC 40 até recuperou (+0,70%), atingindo um nível elevado em torno de 4.270, para finalmente fechar em 4.260. Este primeiro ataque, ao que parece pelos dados, não afectou o CAC, bem como as outras principais bolsas europeias.

Esta reação foi bastante inesperada, como documentam muitos artigos do dia seguinte das principais agências financeiras na Internet. Nos dias que se seguiram ao atentado contra o Charlie Hebdo, os jornalistas e analistas económicos, que esperavam a pior reação das bolsas, afirmaram que os mercados "acabaram por se habituar" às notícias sobre atentados terroristas, sobretudo depois dos atentados de Londres e Madrid. Por outras palavras, os próprios meios de comunicação social sugeriam que estava em causa algo como um processo de "*habituação*" aos atentados terroristas perpetrados pelo ISIL (Estado Islâmico do Iraque e do Levante), tornando os investidores financeiros, por assim dizer, "familiarizados" com acontecimentos tão terríveis e imprevisíveis.

Exatamente a mesma tese foi proposta repetidamente, muitas vezes de forma acrítica, no rescaldo do chamado "ataque ao Bataclan", o ataque terrorista múltiplo que atingiu Paris a 13 de novembro de 2015. Creio que esta explicação, que é efetivamente apoiada pelos dados financeiros disponíveis, é bastante *espúria* (como argumentarei), subestimando a importância de um fator crucial relacionado com o momento dos ataques. Os adeptos da explicação "inurement" do , que a consideraram corroborada pelo facto de, desta vez, o atentado ter sido ainda mais forte e ter provocado muito mais vítimas (130 mortos e 368 feridos), penso eu, bastavam olhar para o CAC 40 nos dias seguintes. Olhando para o gráfico abaixo (fig. 5.2), efetivamente, registou perdas e ganhos insignificantes, mais uma vez perfeitamente em linha com a média móvel (MM) de dez dias e vinte.

Figura 5.2: Gráfico histórico do CAC 40, com foco em novembro de 2015

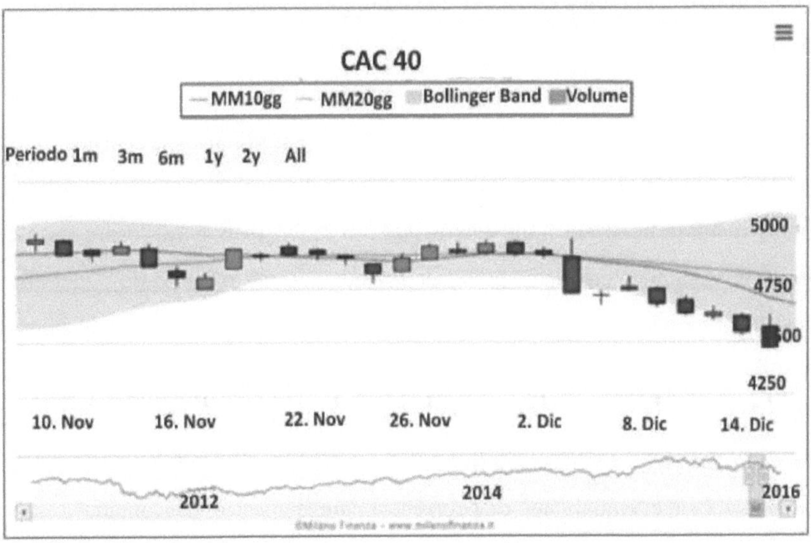

O problema desta explicação é que os múltiplos atentados (uma série de bombardeamentos e tiroteios coordenados ocorreram no centro de Paris e no seu subúrbio norte, Saint-Denis) começaram às 21h20, ao fim da tarde, quando as bolsas europeias estavam, como habitualmente, *encerradas*. A intervenção policial terminou às 00:58, quando o cerco ao teatro Bataclan terminou e os reféns foram finalmente libertados.

Além disso, desta vez, os ataques terroristas ocorreram *na sexta-feira*: Os investidores europeus tiveram todo o fim de semana para se "acalmarem" e compreenderem o que se passava, antes de recomeçarem as transacções financeiras na segunda-feira de manhã, 16 de novembro. A Bolsa de Valores de Nova Iorque, que, pelo contrário, estava aberta quando os atentados estavam a caminho, fechou ao fim da noite com uma queda bastante significativa (0,88%).

Estes dois exemplos parecem contradizer a interpretação de Shiller sobre o impacto das notícias exógenas na bolsa (apoiada pela sua análise do terramoto de Kobe), uma vez que não há sinais negativos de uma cascata de atenção activada pelos meios de comunicação social no rescaldo. No entanto, esta conclusão pode estar errada num duplo aspeto. Se observarmos atentamente as notícias que se desenrolaram após os atentados, podemos facilmente constatar que a imprensa francesa noticiou (sobretudo com entusiasmo) a reação militar imediata e forte (já em 15 de novembro a França lançou o maior ataque aéreo da Operação Chammal, atingindo o ISIL em Al-Raqqah) e a generalidade dos esforços da polícia para descobrir e capturar os terroristas. Além disso, em 18 de novembro, o suspeito de ser o principal responsável pelos ataques foi morto numa rusga policial em Saint-Denis. De um modo mais geral, o processo de "*inurement*" dos ataques terroristas pode ser considerado um produto do papel ativo dos meios de comunicação social: estes criaram ao longo do tempo cascatas de atenção sobre o ISIL, os seus motivos e ataques, tornando as suas acções, apesar da sua imprevisibilidade intrínseca no tempo e no espaço, "não notícias". Este aspeto pode, em parte, explicar a recente "insensibilidade" dos mercados financeiros a este tipo de acontecimentos, cuja eventualidade de ocorrência parece já estar "descontada".

5.4. Orientação estratégica/política dos meios de comunicação social: o caso chinês

Até agora, com base nos contributos de alguns economistas importantes, o papel dos meios de comunicação social foi analisado sob a forma de mediadores de acontecimentos e de difusores de notícias. É agora tempo de nos debruçarmos sobre um outro papel que podem desempenhar nos mercados bolsistas. Com efeito, há situações em que os meios de comunicação social actuam, voluntariamente ou não, sob a influência de interesses privados ou de acordo com os objectivos de uma direção política: actuam como braços de cabeças pensantes que os movem - de forma mais ou menos latente - por trás ou por cima.

Um dos casos mais debatidos diz respeito à CNBC, uma estação por cabo centrada em notícias de negócios, que apresenta o popular programa Cramer's *Mad Money*. Como recorda Lionel Barber (in Schifferes e Roberts, 2015, p. xxv), Jim Cramer e Rick Santelli foram alvo de críticas por terem sido líderes de claque da bolha durante a crise do crédito hipotecário de alto risco de 2008. Na edição de 4 de março de 2009 do programa *The Daily Show with Jon Steward*, disponível em linha ,[54] Steward apresentou várias provas (sob a forma de clips) de uma cobertura deficiente da CNBC antes da crise, que parecia estar em nítida contradição com o que realmente se seguiu. Steward foi ao ponto de sugerir que a CNBC "ignorou as manobras do mercado porque estava demasiado próxima da sua comunidade principal: os comerciantes de Wall Street e os banqueiros de investimento" (Barber in Schifferes e Roberts, 2015, p. xxv). Por partilhar interesses económicos e estratégicos com Wall Street, a CNBC teria tendência a favorecer boas notícias e histórias positivas em vez de sinais de desgraça, tranquilizando a Main Street de que nada de preocupante iria acontecer.

Joseph Stiglitz apresenta um caso diferente e mais específico, em que um dos jornais financeiros com maior autoridade foi instrumentalmente "utilizado" para determinados fins especulativos. Um artigo publicado no *Financial Times* em 2010 informava que o governo grego tinha encetado conversações com a China para financiar as suas obrigações[55] . Como Stiglitz prudentemente resume:

"Parece que a história não era verdadeira, embora uma grande empresa financeira, na qualidade de conselheira da Grécia, possa ter sugerido essa ação. Se assim foi, a sugestão foi recusada. Acredita-se também que a história foi plantada pela empresa financeira, que tinha vendido obrigações gregas a descoberto e ficou a ganhar com a história (que resultou na descida do preço dessas obrigações). Se a história fosse verdadeira, era digna de notícia. Era uma história que, se fosse verdadeira, seria provavelmente desmentida pelos funcionários do governo. Assim, seria difícil verificar

---

54www.thedailyshow.com/watch/wed-march-4-2009/cnbc-financial-advice

55 Tony Barber, David Oakley e Kerin Hope, "Chinese whispers drive Greek yields", Financial Times, 26 de janeiro de 2010, www.ft.com/cms/s/0/65ac74fc-0aaf-11df-b35f-00144feabdc0.html

a história (exceto pelos participantes no mercado, que potencialmente tinham incentivos para a fundamentar). Parece que o *Financial Times* pode ter sido utilizado" (Stiglitz in Schifferes ad Roberts, 2015, p. 144).

E comenta: "embora se trate de um caso dramático que ilustra os riscos com que se confronta a imprensa financeira, sob formas mais mundanas, isso acontece todos os dias" (ivi).

A crise financeira chinesa de 2015, no entanto, oferece exemplos ainda mais dramáticos de orientação estratégica dos media. Desta vez, por parte do governo e da classe dirigente política.

Fig. 5.3. Panorâmica dos principais acontecimentos que marcaram a crise financeira chinesa.

Fonte: Reuters (New York Times)

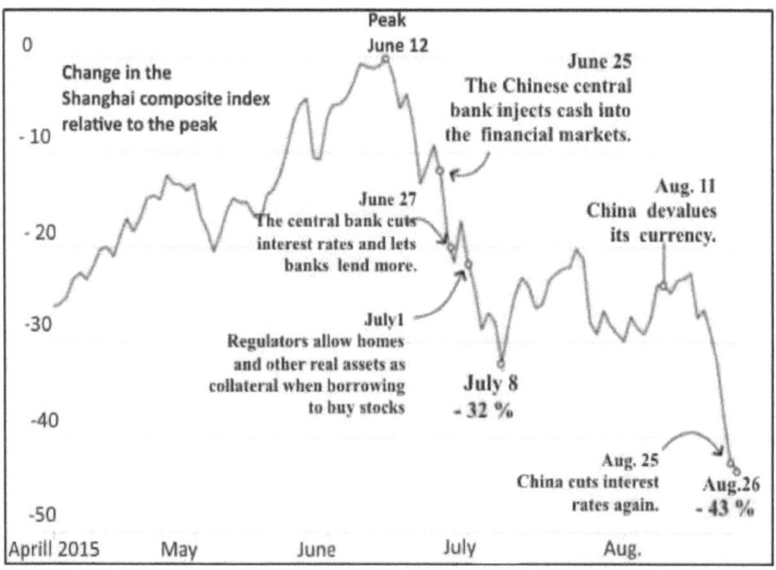

É interessante notar que os meios de comunicação social ocidentais (juntamente com outras importantes instituições económicas ocidentais[56]), que cobriram amplamente a

56 Por exemplo, o Banco Mundial escreveu no seu Relatório de Atualização Económica da China, publicado na primavera de 2015: "em vez de promover as bases para um desenvolvimento financeiro sólido, o Estado

queda financeira chinesa, foram os primeiros a criticar os meios de comunicação social nacionais chineses .[57]

Imediatamente após o rebentamento da bolha especulativa no mercado imobiliário nacional, os meios de comunicação social chineses, em especial o jornal oficial do Partido Comunista - The People's Daily -, assumiram o papel de líderes de claque de uma nova bolha especulativa: a do mercado de acções. Os jornais ocidentais sublinharam o papel dos media chineses na amplificação da bolha. Por exemplo, o *Wall Street Journal* afirmou que "quando o People's Daily, o porta-voz do Partido, encorajou os cidadãos a comprar acções, muitos investidores entraram no mercado"[58] . David Bandurski, jornalista e editor do sítio Web do China Media Project, que estudou profundamente o controlo governamental da China sobre as notícias, defendeu a mesma tese num artigo do New York Times. Segundo ele, já em abril, o People's Daily "encorajava os investidores a comprar acções, partindo do princípio de que os preços continuariam a subir, apesar dos soluços ocasionais"[59] . *O Economist* foi ainda mais explícito: "durante a maior parte do ano passado, quando as acções chinesas pareciam capazes apenas de subir, muitos comentários centraram-se na forma como o governo controlava o mercado, empurrando e impulsionando as acções para uma corrida de alta de proporções épicas"[60] . O New York Times declarou abertamente que: "o governo chinês ajudou a alimentar o boom, promovendo o potencial do mercado em alta nos meios de comunicação oficiais, incluindo o Diário do Povo"[61] .

Quando a turbulência na bolsa começou, os meios de comunicação chineses lançaram

---

interferiu extensiva e diretamente na atribuição de recursos através de controlos administrativos e de preços, garantias, orientações de crédito, propriedade generalizada de instituições financeiras e políticas reguladoras". (Citado num artigo publicado pelo *The Guardian*, http://theguardian.com/world/2015/jul/16/why-chinas-stock- market-bubble-was-always-bound-burst).

57 Estou grato à Dra. Carlotta Massoni, pela sua extensa pesquisa documental sobre este tema.

58 http://www.wsj.com/articles/lessons-of-china-crash-1436385994. Outro artigo do blogue da mesma revista afirmava que: "há séculos que os governos tentam controlar os mercados. (...). O

O governo chinês está a encorajar mais especulação em acções que podem ainda estar sobrevalorizadas". http://blogs.wsj.com/moneybeat/2015/07/2010/meno-to-china-your-market-moves.are-doomed-to-fail/

59 http://www.nytimes.com/2015/08/26/world/asia/chinese-news-media-largely-silent-amid-stock- market-turmoil.html?_r=0.

60 http://www.economist.com/news/business-and-finance/21656867

61http://www.nytimes.com/2015/07/28/business/international/chinese-stocks-plummet-in-shanghai- and-shenzhen.html uma incrível campanha de censura. A 25 de agosto de 2015, no dia seguinte ao pior desmoronamento chinês e à generalização da venda global, o Diário do Povo evitou completamente o assunto, conseguindo nunca o mencionar nas suas 24 páginas, que, em vez disso, estavam cheias de referências ao "próximo 70º aniversário da derrota do Japão na Segunda Guerra Mundial". A censura foi tão flagrante que o New York Times dedicou-lhe um artigo, publicando a primeira página do Diário do Povo de 25 de agosto de 2015. Apesar do enfoque internacional no papel dos media, o silêncio da imprensa sobre o crash bolsista manteve-se no dia seguinte (26 de agosto), "embora tenha havido artigos sobre a decisão do Banco Central Chinês e a repetição pelo Primeiro-Ministro Li Keqiang da confiança na economia em geral, apesar dos efeitos do que chamou de volatilidade do mercado global"[62] . Além disso, há indícios de que as autoridades chinesas manipularam as notícias também na página principal da agência noticiosa estatal, a Xinhua: não foi feita qualquer referência a a forte queda dos valores das acções, mas "relatou a visita do Presidente Xi Jinping ao Tibete *em 1998*, quando era funcionário provincial no leste da China" (*ivi*). Também a principal estação de televisão do país, a China Central Television, evitou mencionar a queda acentuada dos preços das acções.

Mais reveladora ainda foi a decisão tomada pelo governo comunista chinês de aplicar uma espécie de "embargo" à divulgação de dados. Em particular, impôs restrições específicas sobre a *forma como* os meios de comunicação social tinham autorização para noticiar o colapso do mercado e para divulgar apenas as informações disponibilizadas pela Comissão Reguladora dos Valores Mobiliários da China[63] . A lista de diretivas foi publicada no China Digital Times. O objetivo desta decisão rigorosa era abertamente dissuadir o pessimismo e o pânico. A Administração Estatal da Imprensa, Publicações, Rádio, Cinema e Televisão (SAPPRFT) emitiu estas instruções, das quais relato as principais (bastante contraditórias!) :[64]

62http://www.nytimes.com/2015/08/26/world/asia/chinese-news.media-largely-silent-amid-stock- market-turmoil.html
63 http://www.honkongfp.com/2015/07/14/chinese-govt-guide-on-how-to-report-on-the-stock-market/
64 Conforme relatado em http://chinadigitaltimes.net/2015/07/minitrue-rules-on-stock-market-reporting/

1. "A cobertura necessária do mercado de acções deve ser totalmente equilibrada, objetiva e racional. Não se juntar ao coro do mercado em alta ou em baixa. Conduzir racionalmente as expectativas do mercado para evitar que notícias inadequadas provoquem um pico ou uma queda do mercado".

2. "Sem exceção, interromper os debates, as entrevistas com especialistas e a cobertura em direto no local. Não efetuar análises aprofundadas, nem especular ou avaliar a direção do mercado. Não exagerar o pânico ou a tristeza. Não utilizar palavras com carga emocional como 'queda', 'pico' ou 'colapso'".

3. "Apresentar relatórios rigorosamente de acordo com as informações divulgadas pela Comissão de Regulamentação dos Valores Mobiliários da China. Evitar resolutamente a divulgação de informações falsas".

De acordo com Xiao Qiang, fundador do China Digital Times, que acompanha regularmente a censura dos meios de comunicação social na China, os investidores chineses preferiram, por isso, recorrer às redes sociais (especialmente ao Weibo e ao WeChat) para procurar informações sobre o mercado bolsista. O WeChat era particularmente popular porque estava "menos poluído por mensagens de utilizadores da Internet apoiados pelo governo e porque as pessoas podiam facilmente partilhar notícias artigos sobre a economia de publicações noticiosas ocidentais, especialmente histórias já traduzidas para chinês"[65] . Desta forma, a propaganda do governo comunista teve, de certa forma, um efeito contrário, levando os investidores a procurar informação em diferentes fontes e, ao mesmo tempo, orientando a atenção, em vez de a desviar, para o agravamento dos indicadores macroeconómicos e para o abrandamento do crescimento económico chinês.

O controlo governamental sobre os meios de comunicação social chegou ao ponto de "intensificar a perseguição aos repórteres chineses cujas histórias se desviavam das narrativas oficiais" (ivi) e culminou num episódio impressionante - e exemplar - divulgado pelos meios de comunicação social chineses. O jornalista Wang Xiaolu,

65http://www.nytimes.com/2015/08/29/world/asia/consumer-anxiety-in-china-undermines-planos-económicos-governamentais.html?_r=0

repórter da revista financeira chinesa Caijing, foi detido. Em julho de 2015, de facto, num artigo publicado, alertou os investidores para a orientação governamental do mercado bolsista: "As autoridades planeavam reduzir a sua intervenção para apoiar o mercado bolsista", escreveu. Seguiu-se uma queda acentuada dos preços das acções. Imediatamente após a detenção, a televisão estatal transmitiu uma "confissão" em que o repórter pedia publicamente desculpa "pelas enormes perdas infligidas ao país e aos investidores"[66] . Seguiu-se a sua detenção, como prémio por ter dito a verdade. Posteriormente, cerca de 165 contas em linha foram encerradas sob a acusação de violações conexas.

Quase paralelamente às acções de controlo e repressão, o Governo recorreu aos meios de comunicação social, numa tentativa de restaurar a confiança dos investidores nacionais e internacionais e de os tranquilizar quanto à (presumível) solidez dos fundamentos económicos da China. Por exemplo, o Economic Information Daily, um jornal editado pela agência noticiosa Xinhua, declarou que "a turbulência nos mercados bolsistas mundiais resultou, em grande medida, da volatilidade dos sentimentos e não do facto de a economia ter sido afetada por problemas graves"[67] . O China Securities Journal, um dos principais jornais financeiros, apelou à intervenção do governo, porque "a queda dos mercados bolsistas está a destruir o que resta da confiança dos investidores"[68] . No entanto, acrescentou, os fundamentos económicos "permanecem sólidos" e o único problema foi a venda "irracional" e "maliciosa" de investidores em pânico. Mais ou menos na mesma linha, Li Keqiang, atual Primeiro-Ministro do Conselho de Estado da República Popular da China, afirmou no Fórum Económico Mundial: "A China não é uma fonte de risco, mas uma fonte de crescimento para a economia mundial". Além disso, acrescentou: "se houver sinais de que a economia está a deslizar para fora do intervalo adequado (um eufemismo, mas não deixa de ser uma admissão!), temos a capacidade de lidar com a situação"[69] .

66 http://www.wsj.com/articles/chinas-problem-isnt-its-markets-1442318915
67 http://dz.jjckb.cn/www/webpage2009/html/2015-08/25/node_2.htm
68 http://zqrb.ccstock.cn/html/2015-08/25/content_104765.htm
69 http://www.independent.co.uk/news/business/news/china-seeks-to-reassure-the -world-we-will-not- have-a-hard-lending-10496008.html

Estas palavras destinavam-se também a responder a uma crítica crescente nos meios de comunicação financeiros ocidentais (especialmente entre os mais ferozes apoiantes do neoliberalismo e do "credo" do mercado livre/eficiente) sobre a adequação das medidas do governo chinês para enfrentar a turbulência. Poucos dias antes dessa reunião, de facto, *The Economist* escreveu: "a capacidade do governo para gerir as oscilações do mercado e *os espíritos animais* está muito em causa. As probabilidades de um forte abrandamento da economia chinesa aumentarão se o governo chinês reagir à turbulência do mercado pondo termo ao processo de reforma estrutural destinado a facilitar o reequilíbrio"[70] . Mais crítico ainda foi o The *Wall Street Journal*: "o desastre prejudicou a credibilidade dos responsáveis pela política económica do governo". (...). "Pequim está a aprender da forma mais difícil que a intervenção pode agravar o pânico bolsista"[71] .

Estas evidências mostram que, no decurso da crise chinesa, os meios de comunicação social chineses desempenharam diferentes papéis instrumentais, sob o impulso direto, a direção e o controlo do governo. Mais especificamente, actuaram como 1) *promotores* da exuberância irracional no mercado de acções; 2) *censores* de más notícias financeiras e de graves perturbações no mercado; 3) *restauradores da confiança* após o crash. Uma investigação mais aprofundada sobre este tema poderia ajudar a aprofundar a análise de cada um destes "papéis" dos media.

70http://www.economist.com/news/business-and-finance/21662092-china-sneezing-rest-world-rightly-nervous-causes-and-consequences-chinas
71 http://www.wsj.com/articles/lessons-of-chinas-crash-1436385994

Conclusões

Algumas questões de investigação para uma nova sociologia da bolsa de valores

Até agora, este trabalho mostrou alguns possíveis caminhos de investigação que poderão contribuir no futuro para uma melhor compreensão sociológica das bolsas de valores e das decisões de negociação em linha. Em suma, propus alguns estudos de caso relativos a restrições institucionais à especulação (cap. III), uma heurística interactiva e cognitiva que pode explicar o comportamento de herding na negociação em linha (cap. IV) e duas análises sobre o impacto dos meios de comunicação social nos preços das acções, durante os últimos ataques terroristas em Paris e no decurso da última crise financeira chinesa (cap. V).

Há ainda muito trabalho a fazer e uma agenda mais sistemática pode ajudar a inspirar novas análises teóricas e empíricas orientadas para os problemas. Nestas conclusões, aponto três questões de investigação relacionadas que, entre outras, precisam certamente de mais atenção por parte dos sociólogos económicos: as causas e a dinâmica do *contágio financeiro*, o papel dos *meios de comunicação social* nos mercados financeiros e a reconstrução da *confiança* sistémica corroída nos mercados financeiros, através de discursos públicos autorizados. A novidade que defendo para esta agenda de investigação, como mostrarei, reside mais nas metodologias que sugiro implementar do que nos tópicos de investigação.

Contágio financeiro

O contágio financeiro não é certamente um objeto de investigação novo (Paillard, 1998). Tem atraído muita atenção na economia (Dornbush, Park & Claessens 2000; Kaminsky, Reinhart & Vegh, 2002; Dungey & Tambakis, 2005)[72] , na antropologia (Sperber, 1996), na psicologia social (Fenzl & Perelmann 2012) e noutras disciplinas (Cavalli-Sforza & Feldman, 1981). Apesar das muitas tentativas, muitas vezes interdisciplinares, de compreender as suas causas e mecanismos de propagação, os seus

72 Nem todos os economistas estão dispostos a reconhecer a existência de contágio nos mercados financeiros. Por exemplo, Forbes e Rigobon (2002) afirmam que não existe contágio financeiro, mas apenas interdependência nos co-movimentos dos preços das acções.

factores e dinâmicas *sociais* fundamentais continuam obscuros. O mesmo se aplica à taxa de difusão do contágio, bem como à sua velocidade de propagação nos mercados financeiros.

Se for este o caso, suponho que depende da reticência, de certa forma razoável, em testar em finanças a adequação de modelos explicativos que já provaram a sua validade em epidemiologia, desde a contribuição pioneira de Kermack & Meckendrick (1927). Os cientistas sociais são muitas vezes desconfiados, para não dizer contrários, à importação de modelos naturalistas para o domínio das interações sociais, e as finanças não são exceção. A superação deste preconceito, no entanto, evidencia as vantagens e os limites da adaptação de um modelo epidemiológico à explicação do contágio financeiro. Mais especificamente, pode promover uma compreensão mais profunda do efeito de transbordamento (como descrito em Quammen, 2012) nas decisões de negociação em linha dentro de livros de limites. Assim, por exemplo, num trabalho recente (Corradi, 2015), mostrei que a aplicação do chamado "modelo compartimental" (um dos modelos epidémicos mais simples) pode efetivamente ajudar a resolver o quebra-cabeças do cálculo da taxa de difusão do contágio nas plataformas de negociação em linha, desde que esteja disponível uma base de dados adequada para análise.

Na minha opinião, intimamente ligados à questão do contágio financeiro estão os testes da teoria das cascatas de informação nos mercados financeiros (Avery e Zemsky, 1998). Estes testes levantam diretamente a questão de saber se o comportamento de "herding" ocorre ou não nos mercados financeiros reais: um quebra-cabeças difícil de resolver. De facto, quando se observa que os investidores tomam a mesma decisão de negociação, tal pode dever-se ao herding social; mas também pode dever-se ao facto de os investidores seguirem a mesma informação independentemente uns dos outros. Estas diferentes explicações são difíceis de distinguir na investigação empírica, uma vez que a informação privada dos investidores não é normalmente observável.

Para ultrapassar esta dificuldade, foram recentemente realizadas algumas experiências fascinantes na Internet para abrir a caixa negra do comportamento de manada ou "lemming-like" (Drehmann, Oechssler, Roider 2005). De um ponto de vista metodológico, "uma experiência na Internet oferece uma oportunidade para testar diretamente as teorias do pastoreio, uma vez que todos os fundamentos e a informação privada dos agentes estão sob o controlo do experimentador" (2005, p. 1403). Graças a este dispositivo metodológico, os autores descobrem que a presença de um preço de mercado flexível impede o herding e que a presença de comportamentos contrários distorce os preços; além disso, verificam que o comportamento dos consultores profissionais não é significativamente diferente do dos outros sujeitos não profissionais envolvidos na experiência.

É claro que não estou a sugerir que as experiências na Internet sejam a única metodologia útil para estudar e, eventualmente, descobrir a dinâmica social em episódios de contágio financeiro. No entanto, é verdade que a Internet fornece novas fontes de dados que permitem testar hipóteses que necessitam de variáveis controladas. Simultaneamente, o crescimento explosivo da utilização dos meios de comunicação social nos últimos dez anos incentiva a realização de análises melhores e mais sistemáticas sobre uma nova forma de "boca-a-boca" relativa aos activos financeiros (Berger 2003), que pode aumentar o impacto da interação social comunicativa nos mercados financeiros.

Redes sociais nos mercados financeiros

As redes sociais continuam a expandir-se a uma velocidade impressionante, desde que a primeira - o Facebook - foi criada, em 2004. Após o lançamento do Twitter em 2006, as empresas criaram progressivamente uma melhor análise dos dados sociais. Os primeiros casos de utilização diziam respeito à gestão de marcas (pela Coca-Cola, Wal-Mart, IBM...) e destinavam-se a ajudar as marcas a compreender o que os consumidores estavam a pensar em tempo real sobre os produtos. No sector financeiro, o desenvolvimento da análise de dados sociais foi mais lento, até 2013, altura em que as coisas mudaram de repente. De acordo com David Greenfield (editor do Whitepaper GNIP[73]), de facto, três eventos significativos marcaram um ponto de viragem,

---

73 A GNIP anuncia-se como o "maior e mais fiável fornecedor de dados sociais do mundo" (www.gnip.com).

aumentando consideravelmente o impacto das redes sociais nos mercados financeiros. Em primeiro lugar, a SEC confirmou que as empresas podiam utilizar os meios de comunicação social para anunciar informações importantes em conformidade com o Regulamento Fair Disclosure. Em segundo lugar, o Hash Crash, em abril de 2013, fez cair 140 pontos do Dow Jones em dois minutos (a conta de Twitter da AP foi pirateada e tweetou sobre explosões na Casa Branca). Por último, o investidor Carl Icahn tweetou: "Temos atualmente uma grande posição na APPLE. Acreditamos que a empresa está extremamente subvalorizada. Falei hoje com Tim Cook. Mais informações em breve". O preço das acções subiu imediatamente e acrescentou 12,5 mil milhões de euros ao valor de mercado.

Comparando a "curva em S"[74] da utilização da análise de dados dos meios de comunicação social pelo sector financeiro com a da análise de marcas, verifica-se que as duas evoluíram segundo um padrão semelhante, mas com um atraso de cerca de 4 a 5 anos em relação à primeira. Tal como as discussões dos consumidores e das marcas nas redes sociais constituíram a camada de base que permitiu aos especialistas em marketing criar análises valiosas dos meios de comunicação social, as discussões dos investidores sobre os mercados de capitais, as acções e os indicadores macroeconómicos constituíram a camada de base para a análise financeira. Além disso, um fator de aceleração do debate financeiro através das redes sociais foi a introdução da chamada "Cashtag", a convenção de adicionar uma etiqueta "$TICKER(s)" ao conteúdo para associar o debate a acções negociáveis. Esta prática foi iniciada pela StockTwits em 2008 e mais tarde adoptada oficialmente pelo Twitter. De acordo com Greenfield, "em períodos comparáveis de 2011 a 2014, as conversas com Cashtag no Twitter sobre títulos do Russell 1000 aumentaram mais de 550%, atingindo vários milhares de milhões de mensagens por trimestre" (ivi, p. 6).

Fornecem mais de 100 mil milhões de actividades de redes sociais por mês. Os seus clientes incluem hedge-funds, prop traders, plataformas de business intelligence, empresas de monitorização de redes sociais e plataformas de tecnologia financeira.

74 A "Curva S" é uma representação gráfica da adoção e do investimento em inovações ao longo do tempo. A "curva S" descreve esse processo como começando com um período de adoção limitada, seguido de um rápido crescimento; concluindo com um abrandamento da implementação à medida que o mercado se torna maduro e os benefícios incrementais diminuem.

Para além da análise do sentimento das acções, da descoberta de notícias de última hora e da análise das tendências macroeconómicas, várias empresas (como a Social Market Analytics, a Eagle Alpha, a Contix, a TheySay, a Knowsis...) aplicam análises avançadas para criar pontuações, sinais e outros dados derivados do Twitter e de outros meios de comunicação social. Por exemplo, a Social Market Analytics "pega num fluxo de acções relacionadas com Tweets, filtra o ruído e o spam e cria pontuações de sentimento intradiário. Realizaram estudos que revelaram um retorno de 55% num período de teste de dois anos" (ivi, p. 9). De um modo mais geral, a exploração do valor dos dados sociais passa por cinco fases principais: obtenção de dados sociais, filtragem do ruído, filtragem específica, classificação/classificação/agregação, ligação a dados existentes (como a ligação de Cashtags de acções a dados orientados por tickers).

Os académicos, que ainda estão a testar correlações entre o sentimento social e os preços das acções, futuros e FX, estão constantemente a trabalhar para melhorar a abordagem pioneira de Johan Bollen[75] e aperfeiçoar as técnicas analíticas. No domínio das ciências da computação, Zheludev, Smith & Aste (2014) demonstraram recentemente que o sentimento dos meios de comunicação social pode conter informações ex ante estatisticamente significativas sobre os preços futuros do índice S&P500 e de um conjunto limitado de acções, para além do que é possível obter utilizando apenas volumes de mensagens. Esta última conquista, obtida através da aplicação da *análise do sentimento* e de medidas da Teoria da Informação, confirma definitivamente que uma análise textual qualitativa de tweets (financeiros) é complementar (e mais informativa do que) uma análise puramente quantitativa.

A minha preocupação é sublinhar que a análise de sentimentos é (e provavelmente continuará a ser) uma abordagem *descritiva*, certamente útil para mapear e saborear o "pulso" social sobre os activos financeiros, mas não capaz de explicar, por si só, o impacto da comunicação nos meios de comunicação social como um fator independente nos movimentos do mercado. Em todo o caso, como é habitual, nas ciências sociais, as descrições são tanto mais valiosas quanto melhores forem.

75 Johan Bollen (ed). Twitter Mood predicts the stock market, http://arxiv.org/pdf/1010.3003&

Consequentemente, a qualidade da atual análise de sentimentos deve ser metodologicamente melhorada, por exemplo, implementando alguns dos recentes e avançados procedimentos de análise do discurso (Wodak e Meyer, 2009).

A análise do discurso é, além disso, um conjunto valioso de abordagens e técnicas metodológicas que podem ser utilizadas de forma proveitosa para descobrir o impacto dos processos comunicativos nos mercados financeiros. No parágrafo seguinte, apresento um exemplo específico.

Argumentos para restaurar a confiança

Até à data, existe um consenso unânime quanto ao reconhecimento do papel fundamental da confiança nos mercados financeiros e na economia em geral, tanto em tempos de prosperidade como de crise. A confiança é a base não económica fundamental da instituição do dinheiro, como Simmel reconheceu pela primeira vez, e está subjacente a qualquer transação económica e financeira. Ao mesmo tempo, como todos aprendem facilmente com a experiência, as crises económicas e financeiras tendem a corroer a confiança dos consumidores e investidores, criando potencialmente ciclos de feedback negativo de vendas de pânico e ondas de aversão ao risco no consumo e nos investimentos. A confiança corroída ou quebrada é como um veneno que congela os movimentos do mercado bolsista e, ainda mais perigosamente, as engrenagens da economia real. Daí a urgência e a necessidade de restaurar publicamente a confiança quando esta ameaça abrandar o desenvolvimento económico e o funcionamento "saudável" dos mercados financeiros (Earle, 2009).

Uma forma de estudar as estratégias de restabelecimento da confiança em tempos de crise financeira é analisar as medidas e políticas concretas adoptadas com o objetivo explícito de contrariar a erosão da confiança (por exemplo, a prática de "injeção" de dinheiro nos mercados financeiros pelos bancos centrais). Outra forma possível - e complementar - é analisar os discursos públicos proferidos por representantes autorizados do mundo político e económico para contrariar as espirais de pessimismo e pânico.

Há alguns anos, segui este segundo caminho, realizando um estudo de caso empírico para analisar quatro discursos destinados a restaurar a confiança dos consumidores e investidores italianos logo após o colapso do Lehman Brothers em 2008[76] (para uma apresentação completa e discussão dos resultados, ver Corradi, 2012). A análise dos discursos selecionados[77] decorreu no âmbito de um quadro teórico em que o orador público desempenha o papel de *fiduciário* e o público contingente encarna o papel de *fiduciário*. Tendo sempre presente que "uma vez que a confiança é arriscada, a questão de saber quando é *justificada* é de particular importância" (Stanford Encyclopaedia of Philosophy), apliquei uma metodologia baseada numa revisão do esquema de S. Toulmin para dividir argumentos (1958)[78] . Através de uma "análise crítica da argumentação", foram descobertas duas lógicas argumentativas principais e testadas a riqueza e a qualidade de cada discurso.

Os resultados revelaram que Berlusconi e Napolitano preferiram apelar às dimensões *emocionais* da confiança, apelando ao otimismo, à esperança e à coragem; Tremonti e Draghi, pelo contrário, optaram por trabalhar as suas componentes *cognitivas*, fornecendo informações e comentários sobre o estado e a evolução da crise nacional (por exemplo, tranquilizando sobre a estabilidade do sistema bancário italiano). Além disso, enquanto Berlusconi (e, em certa medida, também Tremonti) tentou negar a existência da crise económica e/ou a sua profundidade (Berlusconi descreveu-a como "meramente psicológica", uma vez que "o pior já aconteceu e já passou"), Napolitano e Draghi admitiram abertamente a gravidade da situação, descrevendo-a mesmo com

76 Em Itália, um colapso da confiança institucional e política sem igual na Europa fundiu-se subitamente com um rápido agravamento dos principais indicadores de sentimento económico, tal como refletido nos dados pertinentes recolhidos pelo Eurobarómetro (Corradi 2012, p. 124).

77 Foram escolhidos quatro discursos pela sua relevância para o tema de investigação, pela abundância de argumentos destinados a restaurar a confiança económica e pela solenidade da situação em que foram proferidos (situações em que se pode esperar encontrar o melhor desempenho argumentativo). Berlusconi (então Primeiro-Ministro) discursou numa conferência de imprensa imediatamente após o Conselho de Ministros ter decidido adotar um pacote especial de medidas anti-crise (29/06/2009); o discurso de Napolitano (então Presidente da República) foi o tradicional discurso de fim de ano na televisão (31/12/2008); os discursos de Tremonti (Ministro da Economia) e Draghi (então Presidente do Banco de Itália) tiveram lugar na Câmara dos Deputados (3/10/2008 e 17/03/2009).

78 A metodologia foi desenvolvida durante um projeto de investigação sobre a qualidade da argumentação pública, financiado pelo Ministro da Educação e da Universidade em 2008. O Professor Franco Rositi e eu trabalhámos juntos intensamente durante dois anos para revisitar e aplicar sistematicamente o modelo original de Toulmin. Uma apresentação pormenorizada do método pode ser encontrada em Rositi (ed.), 2013, pp. 49-100, e em Corradi 2016.

tons dramáticos. Napolitano e Draghi também se juntaram para recordar a necessidade de falar publicamente a "linguagem da verdade" com os cidadãos, e ambos defenderam a possibilidade de transformar a crise numa oportunidade para ultrapassar problemas sistémicos pré-existentes à crise (desemprego, dívida nacional e subdesenvolvimento económico do Sul de Itália). Outras diferenças entre os casos analisados surgiram, no que respeita à riqueza e qualidade de cada discurso, aplicando o esquema de Toulmin .[79]

Em suma, verificou-se que o melhor desempenho argumentativo foi o de Draghi e o pior o de Berlusconi, com os outros dois discursos a situarem-se algures no meio. O discurso de Draghi não só foi isento de contradições e falácias argumentativas, como foi também muito informativo (rico em dados factuais) e claramente argumentado (com muitos argumentos explícitos). Por outro lado, o discurso de Berlusconi foi afetado pela presença visível de várias falácias argumentativas (especialmente de falácias de circularidade lógica), e por muitas garantias implícitas (algumas delas, uma vez explicitadas, revelam-se formas traiçoeiras de justificar a passagem dos dados à afirmação).

Alguns meses depois de terminada essa investigação, a mudança de funções de Draghi de Presidente do Banco de Itália para Presidente do Banco Central Europeu (BCE)

79 Embora os discursos tenham uma duração variável e um número diferente de afirmações (as unidades de análise), os valores percentuais são comparáveis. Relativamente à riqueza dos argumentos, o discurso de Draghi apresenta a percentagem mais elevada de afirmações argumentadas (95,5), seguido de Napolitano (89,2) e de Tremonti (60,6), enquanto Berlusconi apresenta a percentagem mais baixa (42,3). Os discursos de Draghi e Napolitano também registam uma pontuação mais elevada no que diz respeito à percentagem de afirmações com, pelo menos, uma justificação explícita: isto significa que são eles que se esforçam mais por explicar as regras que autorizam a passagem dos dados às afirmações. Os seus discursos estão também completamente isentos de falácias e de contradições: qualitativamente, os seus desempenhos argumentativos são excelentes. Mais de metade das afirmações de Berlusconi são, pelo contrário, falaciosas (embora nem todas as falácias tenham o mesmo grau de gravidade). A percentagem de afirmações sem garantias implícitas "duvidosas" é também a mais baixa, o que revela que Berlusconi apela frequentemente a regras de experiência e a outras formas de generalizações práticas cuja validade lógica é incerta ou desajeitada. O número absoluto de dados (que é muito impressionante no discurso de Draghi, 137) é elevado no de Berlusconi (21), em comparação com o número absoluto de afirmações (26). No entanto, a baixa percentagem de afirmações com pelo menos um dado (34,6) revela que Berlusconi apresenta mais do que um dado para algumas afirmações, deixando dados implícitos para outras afirmações (um indício de que as considera evidentes). Quanto aos qualificadores, Tremonti e Draghi utilizam-nos de forma extensiva, mas Draghi prefere advérbios como "presumivelmente", "possivelmente", que atenuam o grau de assertividade da afirmação e de certeza da previsão. Tremonti, pelo contrário, prefere advérbios como "necessariamente", "absolutamente", que dão força às afirmações mas também lhes conferem um sabor categórico. O discurso de Tremonti, rico em metáforas, contém uma falácia de relevância e uma contradição.

proporcionou uma oportunidade única para continuar a testar os efeitos dos seus discursos nos mercados financeiros. Hoje em dia, isto parece ser ainda mais interessante, uma vez que nos últimos anos os mercados bolsistas têm assistido a reacções extremas (oscilações para cima e para baixo) em coincidência com as principais comunicações públicas/imprensa de Draghi, bem como com os discursos de Yanet Yellen, no cargo de AD do Federal Reserve Board.

Por conseguinte, partindo do princípio de que a questão da confiança nos banqueiros centrais e nas suas eventuais medidas se tornou de importância crucial para a compreensão dos mercados financeiros, poderia muito bem ser o caso de efetuar um exame sistemático e comparativo dos discursos-chave proferidos pelos banqueiros centrais. Para tal, seria necessário efetuar uma análise sistemática do conteúdo e da argumentação, paralelamente a uma análise dos principais indicadores financeiros para avaliar o impacto de cada discurso a curto prazo. A partir deste tipo de análise, que está atualmente em curso, espero obter finalmente uma compreensão mais profunda da forma como os mercados financeiros avaliam, conferem ou retiram confiança às palavras públicas de representantes autorizados de instituições financeiras (neste caso específico, os bancos centrais). Espero que os mercados bolsistas avaliem as palavras e os argumentos não de forma intrínseca ("em si mesmos"), mas com base nas suas próprias expectativas e/ou desejos, como se tivessem um enviesamento intrínseco de "wishful thinking" ao julgar as decisões de instituições "externas". Se assim fosse, os discursos dos grandes investidores e analistas que antecedem os principais discursos dos banqueiros centrais deveriam fornecer pistas e instantâneos do que os mercados esperam - esperam - ouvir. Este mecanismo circular, se comprovado, poderia também ajudar a explicar o poder de lobbying dos mercados financeiros nas decisões políticas e económicas, com referência específica às políticas monetárias.

Referências

ABOLAFIA, M. Y. (1996), *Making Markets: Opportunism and Restraint on Wall Street*, segunda impressão: 2001, Harvard University Press, Cambridge.

AKERLOF, G. A. (1979), *The Market for Lemons: Quality Uncertainty and the Market Mechanism*, in "Quarterly Journal of Economics", Vol. 84, No. 3, pp. 488-500.

AKERLOF, G. A. & SHILLER, R. J. (2009), *Animal Spirits. How Human Psychology drives the economy, and why it matters for global capitalism*, Princeton University Press, Princeton.

ALLEN, F. MCANDREWS, J. & STRAHAN, P. (2001), *E-Finance: An Introduction,* The Wharton School, Financial Institutions Center, University of Pennsylvania.

AVERY, C. & ZEMSKY, P. (1998), *Multidimensional Uncertainty and Herd Behavior in Financial Markets*, in "American Economic Review", 88 (4), pp. 724-48.

BALDWIN, A.N.S.G. (?), *The Tobin Tax: Reason or Treason? A comparative Study of the Potential Effects of a UK Tobin Tax*, Adam Smith Institute, Reino Unido.

BANKS, E. (2001), e-Finance. *The Electronic Revolution*, John Wiley & Sons, Ltd, Chichester.

BERGER, J. (2013), *Contagious. How to Build Word of Mouth in the Digital Age*, Simon & Schuster, Londres.

BITNER, R. (2008), *Confessions of a Subprime Lender. An Insider's Tale of greed, Fraud, and Ignorance*, Hoboken, John Wiley & Sons.

BLACK, F. (1986), *Noise*, in "The Journal of Finance", Vol. 41, Issue 3, pp. 528-543.

CATINO, M. (2010), *Gatekeepers miopi? Aspetti organizzativi nel fallimento dei controlli*, in "Stato e Mercato", 89, pp. 219-253.

CAVALLI-SFORZA, L.L. E FELDMAN, M.W. (1981), *Cultural Transmission and Evolution: A quantitative Approach*, Princeton University Press, Princeton.

CETINA, K. K. & PREDA, A. (2014), *The Oxford Handbook of The Sociology of Finance*, Oxford University Press.

COLEMAN, J. S. (1990), *Foundations of Social Theory,* Harvard University Press.

CORRADI, F. (2012), *Mercanti di rischio e restauratori di fiducia. Ricostruire la fiducia sistemica mediante discorsi pubblici*, in "Rassegna Italiana di Sociologia", a. LIII, n.1, gennaio-marzo 2012, pp. 111-135.

CORRADI, F. (2015), *Elementi per una sociologia dei contagi finanziari, con un'analisi di caso*, in "Sociologia e Ricerca Sociale", Franco Angeli, n.º 107, pp. 46-70.

CORRADI, F. (2016), *The Richness and Quality of Normative Public Argumentation: one Method, two Case Studies,* in WP-LPF, N.1, 2016, pp. 1-26, Centro Einaudi, Torino.

D'AGOSTINI, F. (2010), *Verità avvelenata. Buoni e cattivi argomenti nel dibattito pubblico*. Torino, Bollati Boringhieri.

DAVIS, A. (2006), *Media Effects and the question of the rational audience: lessons from the financial markets*, in "Media, Culture and Society", 28, pp. 603-625.

DEMSETZ, H. (1968*), The Cost of Transacting,* in "The Quarterly Journal of Economics", Vo. 82, No. 1 (Fev., 1968), pp. 33-53.

DORNBUSCH, R., PARK Y. C., CLAESSENS, S. (2000), *Contagion: Understanding How It Spreads,* in "The World Bank Research Observer", vol. 15, no. 2. agosto de 2000, pp. 177-97.

DREHMANN, M. OECHSSLER, J., ROIDER, A. (2005), *Herding and Contrarian Behavior in Financial Markets: An Internet Experiment*, em "The American Economic Review", Vol. 95. No. 5 (Dez. 2005), pp. 1403-1426.

DUNGEY, M. & TAMBAKIS D.N., EDS. (2005), *Identifying Financial Contagion. Progress and Challenges*, Oxford University Press, Nova Iorque.

EARLE, T. C. (2009), *Trust, Confidence and the 2008 Global Financial Crisis*, in "Risk Analysis", 29, 6, pp. 785-792.

EDWARDS, R. D., MAGEE J., BASSETTI, W.H.C. (1948), *Technical Analysis of Stock Trends*, CRC Press, Taylor and Francis Group, 2013, 10th Edition.

FAIR, C. R. (2002), *Events that Shook the Market,* in "The Journal of Business", Vol. 75, No. 4 (outubro de 2002), pp. 713-731.

FAMA, E. F. (1965), *The Behavior of Stock Market Prices*, in "Journal of Business", 38, pp. 351-364.

FAMA, E. F. (1970), *Efficient Capital Markets: A Review of Theory and Empirical Work,* in " The Journal of Finance", Vol. 25, No. 2, Papers and Proceedings of the Twenty-Eighth Annual Meeting of the American Finance Association New York, N.Y. December, 28-30, 1969 (May, 1970), pp. 383-417.

FAMA, E. F. (1991), *Efficient Capital Markets:* II, in "The Journal of Finance", Vol. 46, No. 5 (Dez., 1991), pp. 1575-1617.

FANG, L. & PERESS, J. (2009), *Media Coverage and the Cross-section of Stock Returns*, in "The Journal of Finance", Vol. 64, No. 5, pp. 2023-2052, Wiley for the American Finance Association.

FENZL, T. & PELZMANN, L. (2012), *Psychological and Social Forces Behind*

Aggregate Financial Market Behavior", in "The Journal of Behavioral Finance", 13, pp. 56-65.

FORBES K. J. & R. RIGOBON (2002), *No Contagion, Only Interdependence:*

Measuring Stock Market Co-movements", in "The Journal of Finance", Volume LVII, Número 5, outubro, pp. 2223-2261

FROST, A. J. & PRECHTER, R.R. JR. (1978), *Elliott Wave Principle. Key to Market Behaviour*, New Classics Library, 10th Edition 2005.

GALBRAITH, J. K . (1994), *A Short History of Financial Euphoria*, 2nd ed., Londres. Londres: Penguin Books.

GALLINO, L. (2011), *Finanzcapitalismo. La civiltà del denaro in crisi*, Torino, Einaudi.

GORMAN, W. & KENNEDY, J. (2013), *Visual Guide to Elliott Wave Trading*, John Wiley and Sons.

GRANOVETTER, M. (1985), *Economic Action and Social Structures: The Problem of*

Embeddedness, in "American Journal of Sociology", Vol. 91, Issue 3, (Nov., 1985), pp. 481510.

GROSSMAN, S. J. E STIGLITZ, J. E. (1980), *On the Impossibility of Informationally Efficient Markets*, in "The American Economic Review", Vol. 70, No. 3, (junho de 1980), pp. 393-408.

KAHNEMAN, D., SLOVIC, P. & TVERSKY, A. eds. (1982), *Judgment under Uncertainty: Heuristics and Biases*, Cambridge University Press, Cambridge.

KAMINSKY, G.L., REINHART, C.M., VÉGH C.A. (2002), *The Unholy Trinity of Financial Contagion*, in "Journal of Economic Perspectives, Vol, 17, No. 4, Fall 2003, pp. 51-74.

KARPOFF, J. M. (1987), *The Relation Between Price Changes and Trading Volume: A Survey*, in "The Journal of Finance and Quantitative Analysis", Vol. 22, No. 1, pp. 109-126.

KERMACK, W.O & A.G. MECKENDRICK (1927), *A Contribution to the Mathematical Theory of Epidemics*, in "Proceedings of the Royal Society of London. Series A, Containing Papers of a Mathematical and Physical Character", Vol. 115, Issue 772 (1 de agosto de 1927), pp. 700-721.

KEYNES, J. M. (1936), *The General Theory of Employment, Interest and Money,* Londres, MacMillan, St. Martins Press for the Royal Economic Society, 1973.

KINDLEBERGER, C.P. (1978), *Manias, Panics and Crashes. A History of Financial Crisis*, 5th ed., Hoboken, NJ. Hoboken, NJ. John Wiley and Sons Inc. (reimpresso em 2005).

LEROY, S. (1973), *Risk Aversion and the Martingale Property of Stock Returns*, in "International Economic Review", 14, pp. 436-46.

LIE, J. (1997), *Sociology of Markets*, em "Annual Review of Sociology", Vol. 23, pp. 341360.

LO, A.W & MACKINLAY, A.C. eds. (1999), *A Non-Random Walk down Wall Street,*

Princeton University Press.

LUCAS, R. (1978), *Asset Prices in an Exchange Economy*, em "Econometrica", 46, pp. 1429-46.

LYNCH, A. (1996), *Thought Contagion: How Belief Spreads Through Society*. Basic Books, Nova Iorque.

MACKAY, C. (1841), *Extraordinary Popular Delusions and the Madness of Crowds*, Wiley and Sons.

MCDONALD, G.L. & ROBINSON P. (2009), *A Colossal Failure of Common Sense. The Inside Story of the Collapse of Lehman Brothers*, Nova Iorque, Three Rivers Press.

MALKIEL, B. G. (1985), *A Random Walk Down Wall Street: The Time-Tested Strategy for Successful Investment,* W.W. Norton (4th Ed).

MERTON, R.K. (1948), *The Self-Fulfilling Prophecy*, in "The Anthioc Review", Vol. 8, No. 2, pp. 193-210.

MILLER, R. M. (2002), *Paving Wall Street: Experimental Economics and the Quest for the Perfect Market*, Wiley, Nova Iorque.

MINSKY, H. (1982), "The Financial-Instability Hypothesis: Capitalist Processes and the Behavior of Economy" in C.P. Kindleberger e J.P. Laffargue eds., *Financial Crises*, Cambridge: Cambridge University Press.

MIZUTA, T., IZUMI K., YAGI I. E S. YOSHIMURA, (2013), *Design of Financial Market Regulations against Large Price Fluctuations Using by Artificial Market Simulations*, "Journal of Mathematical Finance", Vol. 3 No. 2A, 2013, pp. 15-22.

MUTTI, A. (2010), *Heterodox Reflections on the Financial Crisis*, in "Economic Sociology. The European Electronic Newsletter", 11, 2, pp. 39-43.

O'HARA, M. (1995), *Market Microstructure Theory,* Cambridge, Massachussets, Blackwell Publishers.

PAILLARD, B. (1998), *Petit historique de la contagion*, in "Communications", 66, pp. 9-20.

QUAMMEN, D. (2012), *Spillover. Animal Infections and the Next Human Pandemic*, W.W. NORTON & COMPANY.

REINHART, C.M. & ROGOFF, K.S. (2009), *This Time Is Different,* Princeton University Press.

ROSITI F., ed. (2013), *La Ragione Politica. I discorsi dei leader politici*, Volume I., Napoli, Liguori.

SAMUELSON, P. A. (1965), *Proof That Properly Anticipated Prices Fluctuate Randomly*, in "Industrial Management Review", 6:2 (1965: primavera), pp. 41-49.

SASSEN, S. (2014), "Global Finance and its Institutional Spaces", in CETINA, K. K. & PREDA, A. (2014), *The Oxford Handbook of The Sociology of Finance*, Oxford University Press, pp. 13-32.

SCHIFFERES S. & ROBERTS, R eds. (2015), *The Media and Financial Crises. Comparative and Historical Perspectives*, Routledge, Taylor & Francis Group, Londres e Nova Iorque.

SHILLER, R. J. (1984), *Stock Prices and Social Dynamics*, in "Brookings Papers of Economic Activity", 2, pp. 457-510.

SHILLER, R. J. (2000), *Irrational Exuberance,* Princeton University Press, Terceira edição revista e alargada, Princeton University Press, Princeton e Oxford, 2015.

SMITH, C.W. (1999), *Success and Survival on Wall Street. Understanding the Mind of the Market,* Rowman & Littlefield Publishers, INC. Oxford.

SORKIN, A.R. (2009), *Too Big to Fail. The Inside Story of How Wall Street and Washington Fought to Save the Financial System - and Themselves*, Nova Iorque, Viking.

SOROS, G. (1995), *Soros on Soros, Staying Ahead of the Curve,* John Wiley and Sons, Nova Iorque.

SOROS, G. (2003), *The Alchemy of Finance*, 2nd Edition, Wiley Investment Classics.

SPERBER, D. (1996), *Explaining Culture. A naturalistic approach*, Blackwell, Oxford

STIGLITZ, J. E. (2009), "The Media and the Crisis: An Information Theoretic Approach", in SCHRIFFIN, A. (2009) *Bad News: How America's Business Press Missed the Story of the Century*, Ney York, New Press, pp. 22-36; reimpresso em Schifferes S. & Roberts, R eds. (2015), *The Media and Financial Crises. Comparative and Historical Perspectives*, Routledge, Taylor & Francis Group, Londres e Nova Iorque, pp.140-152.

SUROWIECKI, J. (2004), *The Wisdom of Crowds. Why Many are Smarter than the Few and How Collective Wisdom Shapes Business, Economies, Societies and Nations*, Doubleay ed., Nova Iorque.

SWEDBERG, R. (2007), *Principles of Economic Sociology*, Princeton University Publ. Princeton.

TALEB, N. N. (2001), *Fooled by Randomness. The Hidden Role of Chance in the Markets and in Life*, Texere LLC, Nova Iorque-Londres.

TETLOCK, P. C. (2007), *Giving Content to Investor sentiment: The role of media in the stock market*, in "Journal of Finance", 62, pp. 1139-1168.

TOULMIN, S. E. (1958), *The Uses of Argument*, Cambridge, Cambridge University Press.

TRIGILIA, C. (2002), *Economic Sociology: Estado, Mercado e Sociedade no Capitalismo Moderno*, Blackwell Publishing.

WEBER, M. (1894), *Bolsas de Valores e de Mercadorias* [*Die Borse*], in "Teoria e Sociedade", Vol. 29, n. 3, (Jun., 2000), pp. 305-338. URL estável: http://www.jstor.org/stable/3108485 .

WILLIAMSON, O. (1975), *Markets and Hierarchies*. Nova Iorque: Free Press.

ZHELUDEV, I., SMITH, R. & ASTE, T. (2014), *When Can Social Media Lead Financial Markets?*, in "Scientific Reports", 4: 4213, www.nature.com/scientificreports

MIX
Papier aus verantwortungsvollen Quellen
Paper from responsible sources
FSC® C105338

Printed by Books on Demand GmbH, Norderstedt / Germany